Kieler Studien

Institut für Weltwirtschaft an der Universität Kiel

Herausgegeben von Horst Siebert

226

Adrian Bothe

Die Gemeindeausgaben in der Bundesrepublik

Ein nachfrageorientierter Erklärungsansatz

J.C.B. MOHR (PAUL SIEBECK) TÜBINGEN

ISSN 0340-6989

CIP-Titelaufnahme der Deutschen Bibliothek

Bothe, Adrian:
Die Gemeindeausgaben in der Bundesrepublik : ein nachfrageorientierter Erklärungsansatz / Adrian Bothe. - Tübingen : Mohr, 1989
(Kieler Studien ; 226)
ISBN 3-16-345522-0 kart.
ISBN 3-16-345523-9 Gewebe
NE: GT

Schriftleitung: Hubertus Müller-Groeling

Printed in Germany
ISSN 0340-6989

Meinen Eltern

Inhaltsverzeichnis

Verzeichnis der Tabellen

Vorwort

In dieser Studie wird der Frage nachgegangen, wodurch die Ausgaben der Gemeinden, die in der Bundesrepublik Deutschland nahezu ein Zehntel des Bruttosozialprodukts ausmachen, bestimmt sind. Insbesondere wird die These geprüft, daß es die Nachfrage der Einwohner nach kommunalen Gütern und Dienstleistungen ist, die auf Umfang und Zusammensetzung der kommunalen Leistungserstellung und damit auch auf die Höhe der Ausgaben entscheidenden Einfluß hat. Dazu werden in einer Querschnittsanalyse die Ausgaben der knapp 500 größten Gemeinden getrennt nach Teilbereichen des kommunalen Leistungsspektrums untersucht. Auch dem Einfluß politisch-institutioneller Rahmenbedingungen, wie etwa der Zugehörigkeit einer Gemeinde zu einem bestimmten Bundesland, zu einer Einwohnergrößenklasse oder ihrem Verwaltungsstatus, wird dabei Rechnung getragen. Die Untersuchung zeigt, daß unter den Bedingungen repräsentativer lokaler Demokratie und bei Einbindung der Gemeinden in den öffentlichen Aufgaben- und Finanzierungsverbund, wie sie für die Situation in der Bundesrepublik kennzeichnend sind, Folgerungen aus der traditionellen Konsumtheorie zur Erklärung der Mittelverwendung im öffentlichen Sektor beitragen können.

Während der Arbeit an dieser Studie habe ich von mehreren Seiten wertvolle Unterstützung erfahren. Dafür gilt mein Dank zunächst Herrn Professor Wolfgang Kitterer und Herrn Professor Herbert Giersch, welche die Arbeit betreut und kritisch begleitet haben. Besonders verpflichtet bin ich darüber hinaus Herrn Dr. Martin Hoffmeyer, der mit zahlreichen Anregungen und stetem Rat zu der Arbeit beigetragen hat. Nicht zuletzt habe ich von zahlreichen Diskussionen mit den Kollegen Christiane Krieger-Boden, Rüdiger Soltwedel und Konrad Lammers profitiert.

Die Rechenarbeiten für den empirischen Teil der Studie wurden mit großer Umsicht von Frau Andrea Schäfer durchgeführt; die Schreibarbeiten erledigten zuverlässig Frau Renate Schramm, Frau Carmen Wessel und Frau Nicole Petersohn. Auch ihnen danke ich für ihren Beitrag zu dieser Studie, ebenso wie der Redaktion des Instituts für Weltwirtschaft, insbesondere Frau Diplom-Volkswirt Sibylle Ruhnke, für die sorgfältige Überarbeitung des Manuskripts.

Kiel, im Juni 1989 — Adrian Bothe

Vorwort

A. Fragestellung und Vorgehensweise

In vielen westlichen Industrieländern ist der öffentliche Sektor gegenüber dem privaten Bereich in den letzten Jahren und Jahrzehnten stark ausgeweitet worden; die Bundesrepublik Deutschland macht davon keine Ausnahme. Großes Gewicht innerhalb des öffentlichen Sektors haben hier die Gemeinden. Zusammengenommen entfällt auf sie gegenwärtig rund ein Viertel der Ausgaben aller Gebietskörperschaften; ihr Anteil an den öffentlichen Sachinvestitionen liegt mit knapp zwei Dritteln noch erheblich höher. Das gesamte kommunale Ausgabenvolumen beläuft sich zur Zeit auf fast 180 Mrd. DM, also knapp ein Zehntel des Bruttosozialprodukts. Anders als etwa beim Bund oder der Sozialversicherung basiert dieser umfangreiche Ausgabenblock auf einer Vielzahl von selbständigen und voneinander weitgehend unabhängigen Einzelhaushalten, die sich in Größe und Zusammensetzung stark unterscheiden. Angesichts dessen liegt die Frage nahe, welches die wichtigsten Bestimmungsfaktoren der Gemeindeausgaben sind. Dies zu untersuchen ist Gegenstand der vorliegenden Studie.

Grundsätzlich bieten sich für die Analyse zwei Wege an, wobei es keine Rolle spielt, ob auf die Entwicklung in der Zeit oder auf Unterschiede zwischen Gemeinden zu einem gegebenen Zeitpunkt abgestellt wird. Der eine Weg besteht darin, sämtliche möglichen Einflußfaktoren in all ihren Verflechtungen detailliert zu erfassen, sie in einen systematischen Zusammenhang zu stellen und dann für bestimmte Ausschnitte Aussagen über die Wirkungsrichtung und Wirkungsstärke einzelner Faktoren zu treffen. In dieser Studie wird jedoch ein anderer Weg beschritten: Es wird untersucht, ob Umfang und Struktur der Gemeindeausgaben auf wenige spezifische Bestimmungsfaktoren zurückzuführen sind und welcher Erklärungswert dabei den einzelnen Faktoren zugeschrieben werden kann.

Dazu werden umfangreiche Schätzungen durchgeführt. Ihnen liegt die Hypothese zugrunde, daß analog zum Angebot von Gütern und Diensten auf privaten Märkten die Ausgaben von Gemeinden für kommunale Leistungen letztlich auf die Nachfrage ihrer Einwohner zurückzuführen sind, d.h., daß in diesem Teil des Staatssektors Folgerungen aus der Haushaltstheorie über individuelle Konsumentscheidungen zur Erklärung der Mittelverwendung beitragen können.

Anlaß zu dieser Überlegung geben die für bestimmte Bereiche der kommunalen Leistungserstellung charakteristischen Angebots- und Nachfragebedingungen. Sie lassen vermuten, daß neben der kommunalen Finanzkraft und den jeweiligen Kosten für Bereitstellung und Unterhalt vor allem auch die Präferenzen der Einwohner für bestimmte kommunale Leistungen eine Rolle spielen. Diese Präferenzen können die Einwohner, etwa durch Stimmabgabe bei Kommunalwahlen, aber auch durch andere Formen politischer Willensäußerung, wie beispielsweise die Gründung von Bürgerinitiativen, zum Ausdruck bringen. Lokale Politiker werden versuchen, den Bürgerwünschen zu entsprechen, wenn sie erwarten können, damit Stimmen zu gewinnen; Gemeinden treten dabei mit ihrem Leistungsangebot untereinander in Wettbewerb um steuerlich attraktive private Haushalte und Unternehmen. In Analogie zur Situation auf privaten Märkten können dann die Einwohner auch als Nachfrager von kommunalen Gütern und Dienstleistungen und die lokale öffentliche Verwaltung, zusammen mit politischen Unternehmern, als Anbieter auf einem politischen Markt aufgefaßt werden. Entscheidungen über den Umfang und die Zusammensetzung der kommunalen Leistungserstellung würden dort grundsätzlich gemäß den gleichen Prinzipien getroffen wie im privaten Sektor.

Diesen Überlegungen ist in einer Reihe von empirischen Untersuchungen nachgegangen worden, die für lokale und regionale Gebietskörperschaften in westeuropäischen Ländern sowie in den USA durchgeführt worden sind. Auch unter den Bedingungen des Aufgaben- und Finanzierungsverbundes der Gemeinden in der Bundesrepublik können grundsätzlich aussagefähige Ergebnisse erwartet werden. Vor allem im Vergleich mit Gemeinden in anderen westeuropäischen Ländern, wie etwa in der Schweiz, Belgien und Großbritannien, nehmen sie weitgehend die gleichen Funktionen wahr. In den meisten Fällen sind auch der Anteil der selbständig zu erfüllenden Aufgaben und der Grad an finanzieller Unabhängigkeit vergleichbar. Die im Grundgesetz verankerte Gewährleistung der kommunalen Selbstverwaltung verleiht den Gemeinden in der Bundesrepublik sogar einen im europäischen Vergleich hohen Grad an Autonomie.

Diese Studie gliedert sich in drei Teile. Zunächst werden die wichtigsten theoretischen Ansätze zur Erklärung von Umfang und Zusammensetzung öffentlicher Ausgaben allgemein dargelegt und daraufhin geprüft, welchen Beitrag sie zur Erklärung von Gemeindeausgaben leisten können (Kapitel B). Das dann folgende Kapitel C stellt die Verbindung zwischen dem theoretischen Teil der Arbeit und der eigenen empirischen Analyse her. Darin wird der Frage nachgegangen, welche Möglichkeiten bestehen, für die Erklärung der Gemeindeausgaben als relevant erkannte Wirkungszusammenhänge in einem empirisch operablen Modell zu erfassen. Insbesondere spielt dabei eine Rolle, ob die für andere Länder gewählte Vorgehensweise auf die Situation in der Bundesrepublik übertragbar ist. Außerdem werden in diesem Kapitel die zentralen Ergebnisse vorliegender empirischer Forschungsarbeiten diskutiert, und es werden daraus Schlußfolgerungen für den Aufbau der eigenen Untersuchung gezogen.

Die sich anschließende empirische Untersuchung der Gemeindeausgaben in der Bundesrepublik Deutschland bildet das Kernstück der Arbeit (Kapitel D); sie ist als Querschnittsanalyse für das Jahr 1983 und für 486 Städte und Gemeinden angelegt, auf die zusammen jeweils rund die Hälfte der Bevölkerung und des gesamten kommunalen Haushaltsvolumens entfallen. Es wird ein Modell kommunaler Ausgabenentscheidungen entwickelt, in dem entsprechend der Grundthese dieser Studie die Angebots- und Nachfragebedingungen bei öffentlich bereitgestellten Gütern und Dienstleistungen mit Hilfe der traditionellen Mikrotheorie sowie Elementen der Theorie der öffentlichen Güter untersucht werden. Aus dem Modell wird eine Reihe von Schätzgleichungen für die Nachfrage nach kommunalen Leistungen abgeleitet, mit denen die verschiedenen Hypothesen über den Zusammenhang zwischen einzelnen potentiellen Bestimmungsfaktoren und den Ausgaben der Gemeinden getestet werden. Im Vordergrund steht dabei die Untersuchung von ausgewählten kommunalen Aufgabenbereichen, wobei zusätzlich die Gemeinden nach Einwohnergrößenklassen, ihrem Verwaltungsstatus und der Zugehörigkeit zu einem Bundesland unterschieden werden. Aus den Ergebnissen der Schätzungen können somit differenzierte Aussagen über die Bestimmungsgründe der Gemeindeausgaben abgeleitet werden.

B. Ansätze zur Erklärung von Umfang und Zusammensetzung öffentlicher Ausgaben

I. Vorbemerkung

Das Ziel dieses Kapitels ist es, einen Überblick über die wichtigsten ökonomischen Erklärungsansätze für Umfang und Struktur öffentlicher Ausgaben zu geben und diese Ansätze daraufhin zu überprüfen, welchen Beitrag sie zur Erklärung von Gemeindeausgaben leisten können. Entsprechend der Fragestellung dieser Studie bleiben normative Ansätze dabei ebenso unberücksichtigt wie solche, die zur Erklärung nicht unmittelbar haushaltswirksamer öffentlicher Aktivitäten, wie etwa staatlicher Regulierungen, entwickelt worden sind.[1] Im folgenden werden zwei Gruppen von Erklärungsansätzen unterschieden, die sogenannten traditionellen und die Public-choice-Ansätze.

Grundsätzlich sind auch andere Systematisierungen denkbar: So könnte, wie etwa bei Borcherding [1985], nach ökonomischen bzw. nichtökonomischen Einflußfaktoren differenziert werden oder nach dem jeweils unterstellten hauptsächlichen "Staatszweck" bzw. nach dem Verhältnis von Bürger und Staat, wie bei Mueller [1987].[2] Je nach der untersuchten Fragestellung haben beispielsweise Tarschys [1975], Gabriel [1983], Leineweber [1988] sowie Diamond und Tait [1988] noch andere Systematisierungen vorgenommen.[3]

Der Erklärungsgehalt der traditionellen im Vergleich zu den Public-choice-Ansätzen hat jedoch insbesondere bei der Analyse von Ausgaben

---

1 Einen Überblick über die normativen Ansätze gibt Gabriel [1983, S. 30-37]; zur positiven Theorie staatlicher Regulierungen vgl. Peltzman [1976].

2 Bei den "Staatszwecken" unterscheidet Mueller zwischen der Bereitstellung von Gütern und Dienstleistungen einerseits und der Umverteilung andererseits. Was das Verhältnis von Bürger und Staat betrifft, so stellt er dem Konzept des "citizen-over-state" (der Staat handelt gemäß dem Willen der Bürger) das des "state-rules-citizen" (beschränkte Kontrolle des Staates durch die Bürger) gegenüber [Mueller, 1987, S. 118, 122, 142].

3 Im Rahmen dieser Studie kann auf die jeweiligen Vor- und Nachteile der verschiedenen Systematisierungsversuche nicht eingegangen werden. Bei der Darstellung der einzelnen Erklärungsansätze wird an geeigneter Stelle aber auf Bezüge zu anderen Ansätzen hingewiesen.

lokaler und regionaler Gebietskörperschaften seit geraumer Zeit eine wichtige Rolle gespielt [vgl. z.B. Bahl et al., 1980, S. 71 f.]. Aus diesem Grund und auch, weil diese Unterscheidung im empirischen Teil dieser Studie ebenfalls von Bedeutung ist, wurde der Differenzierung in traditionelle und Public-choice-Ansätze hier der Vorzug gegeben.

II. Traditionelle Ansätze

1. Die "Gesetze" von Wagner, Brecht und Popitz

Am Anfang der modernen Forschung über die Bestimmungsgründe öffentlicher Aufgaben und Ausgaben stehen in der deutschen Finanzwissenschaft drei klassische Entwicklungs"gesetze", nämlich

- das Gesetz von der "wachsenden Ausdehnung der öffentlichen (Tätigkeit), insbesondere der Staatstätigkeit mit dem Fortschritt der Volkswirtschaft und Kultur" [Wagner, 1879],
- das Gesetz von der "Anziehungskraft des übergeordneten Haushalts" [Popitz, 1927], sowie
- das Gesetz von der "progressiven Parallelität zwischen Staatsausgaben und Bevölkerungsmassierung" [Brecht, 1932].[1]

Die Arbeiten von *Wagner* können als ein erster Versuch angesehen werden, Umfang und Zusammensetzung öffentlicher Ausgaben zu erklären. Wagner hatte beobachtet, daß steigende Pro-Kopf-Einkommen mit einer relativen Ausdehnung des öffentlichen Sektors im Vergleich zum privaten Sektor einhergingen. Daraus glaubte er einen positiven Zusammenhang zwischen dem Stand der wirtschaftlichen Entwicklung eines Landes und dem Umfang des öffentlichen Sektors ableiten zu können. Dies führte er im wesentlichen auf drei Ursachen zurück, nämlich

- erhöhte Verteidigungslasten, die auf der zunehmenden Komplexität der Militärtechnik beruhten,
- erhöhte Kosten für die innere Sicherheit, die als Folge von Industrialisierung und zunehmenden sozialen Konflikten auftraten, sowie

---

[1] Einen guten Überblick über die zentralen Aussagen der drei Autoren gibt Kaehler [1982]. Ausführlich hat sich auch Leineweber [1988, S. 8-28] mit Wagners Gesetz auseinandergesetzt.

- eine mit steigenden privaten Einkommen zunehmende Nachfrage nach Gütern, deren Bereitstellung nach Ansicht Wagners zu den Aufgaben des Staates gehörte, wie etwa Schulen und Eisenbahnen.

Damit hat Wagner frühzeitig auf zwei auslösende Faktoren für zunehmende Staatstätigkeit hingewiesen, die nach heutigem Sprachgebrauch mit den Begriffen "Agglomerationsprozeß" und wachsendem Bedürfnis nach "öffentlich bereitgestellten Gütern" bezeichnet werden.[1]

Unmittelbar nach Veröffentlichung wurde Wagners Hypothese in einigen Untersuchungen empirisch überprüft und dabei auch bestätigt; dann gerieten seine Überlegungen eine Zeitlang in Vergessenheit. Erneutes Interesse zeigte sich erst wieder in den fünfziger und sechziger Jahren, als man nach Erklärungen für das starke Wachstum des öffentlichen Sektors in Großbritannien und einigen skandinavischen Ländern suchte. Diese Untersuchungen bildeten die Grundlage für Arbeiten, bei denen neben dem Einkommen auch eine Vielzahl weiterer sozio-ökonomischer Bestimmungsfaktoren einbezogen wurde.

Demgegenüber ist der ursprüngliche Ansatz von Wagner mit seiner Beschränkung auf den Zusammenhang zwischen Pro-Kopf-Einkommen und dem Umfang des öffentlichen Sektors vor allem in Untersuchungen angewandt worden, in denen seit Anfang der siebziger Jahre die Situation in Entwicklungsländern mit der in Industrieländern verglichen wurde. In Zeitreihen- und Querschnittsanalysen konnten dabei systematische Zusammenhänge festgestellt werden, wobei der Ansatz in Richtung auf unterschiedliche Ausgabearten differenziert wurde.[2] Die Ergebnisse dieser Arbeiten sind nicht unumstritten geblieben. So hat etwa Beck [1982] darauf hingewiesen, daß der in vielen empirischen Arbeiten gefundene Zusammenhang zwischen Einkommen und öffentlichen Ausgaben bei der Betrachtung realer Größen nicht immer gegeben sei.[3]

---

[1] Vgl. aber Timm [1961, S. 201-207] und Kaehler [1982], die darauf verweisen, daß Wagner als Kathedersozialist vor allem an Rechtfertigungsgründen für erhöhte Staatstätigkeit interessiert war.

[2] Vgl. Afxentiou [1985], Heller und Tait [1983], Abizadeh und Gray [1985] sowie Ram [1987].

[3] Zur Diskussion der realen Staatsquote in der Bundesrepublik vgl. Felderer [1977].

In engem Zusammenhang mit dem Wagnerschen Gesetz steht das *Brechtsche Gesetz* von der "progressiven Parallelität zwischen Staatsausgaben und Bevölkerungsmassierung". Unter Bevölkerungsmassierung versteht Brecht eine zunehmende Bevölkerungsdichte, Urbanisierung und Industrialisierung. Weil er damit einen der von Wagner angeführten Gründe für höhere Staatsausgaben in den Vordergrund stellt, ist das Brechtsche Gesetz auch als "Ergänzung und Erläuterung zum Wagnerschen Gesetz" bezeichnet worden [Schmölders, zitiert in Kaehler, 1982, S. 446].

Brecht versuchte nachzuweisen - und fand dies in den Ländern und Gemeinden des Deutschen Reiches bestätigt -, daß eine höhere Bevölkerungsdichte

- in verschiedenen öffentlichen Funktionsbereichen höhere Kosten für eine bestimmte öffentliche Leistung nach sich zieht (so etwa im Bau- und Verkehrswesen, in Erziehung und Wohlfahrt) sowie
- bestimmte zusätzliche Aufgaben erst notwendig macht (etwa im Bereich der inneren Sicherheit).

Er unterschied somit bei Ausgabensteigerungen zwischen Kosten- und Mengenaspekten: Ballung könne zu höheren Kosten pro Einheit Leistung führen, weil die Faktorpreise höher sind oder weil Sprungkosten auftreten. Wegen eines höheren Anspruchsniveaus der städtischen Bevölkerung oder wegen sozialer Kosten der Ballung könne es aber auch zu einer volumenmäßigen Ausdehnung der bisherigen öffentlichen Aktivitäten kommen oder dazu, daß gänzlich neue Aufgabengebiete übernommen werden.

Anders als Wagner und Brecht befaßte sich *Popitz* nicht mit den Gründen für die Entwicklung des öffentlichen Sektors als Ganzes, sondern untersuchte Umschichtungen zwischen den verschiedenen Ebenen der Gebietskörperschaften. Dabei konstatierte er eine Verlagerung (Konzentration) von untergeordneten auf übergeordnete Gebietskörperschaften. In den sechziger Jahren sind seine Gedanken wieder aufgegriffen worden.[1] Wagner, Brecht und Popitz kommt das Verdienst zu, als erste auf Bestimmungsfaktoren der öffentlichen Ausgaben hingewiesen zu haben, die bis heute Gegenstand vieler Untersuchungen sind.

---

[1] Vgl. die Hypothese von Peacock und Wiseman [1961] im folgenden Abschnitt, die ähnliche Einflußfaktoren für die Veränderungen in den öffentlichen Haushalten nennen.

So ist eine Reihe von empirischen Untersuchungen für Gemeinden in der Bundesrepublik, die etwa von Mitte der fünfziger Jahre bis zur Mitte der sechziger Jahre durchgeführt worden sind, von der Diskussion um das Brechtsche und das Popitzsche Gesetz geprägt. Zumeist mit Hilfe tabellarischer Auswertungen wurde der Frage nachgegangen, ob die in den dreißiger Jahren festgestellten Zusammenhänge auch in der Nachkriegszeit galten. [1]

Die Untersuchung der Gemeindeausgaben nach Einwohnergrößenklassen ergab, daß - wie erwartet - die Ausgaben allgemein mit zunehmender Gemeindegröße überproportional wuchsen. Bei der Betrachtung der Ausgaben für einzelne Funktionsbereiche wie auch einzelner Gemeinden innerhalb einer Größenklasse fanden sich jedoch starke Abweichungen von dieser allgemeinen Tendenz mit zum Teil konstanten oder gar degressiven Ausgabenverläufen. Dies deutete darauf hin, daß neben der Einwohnerzahl auch andere Faktoren, wie etwa die kommunale Finanzkraft und die Wirtschaftsstruktur, die Gemeindeausgaben beeinflussen. Zu ähnlichen Ergebnissen kamen Untersuchungen für Gemeinden in der Schweiz, wo man wegen der über weite Bereiche direkt vergleichbaren Aufgabenstellung der Gemeinden ähnliche Zusammenhänge vermutet hatte [Christoffel, 1967; Keller, 1969].

Versuche, die Ausgaben von Gemeinden mit einer Reihe von Faktoren gleichzeitig zu erklären, wurden zuerst in den USA durchgeführt. Beginnend mit einer Untersuchung von Fabricant [1952], der in den USA in den späten fünfziger, vor allem aber in den sechziger Jahren eine große Zahl ähnlicher Arbeiten folgte, konnte in Querschnittsuntersuchungen und in Zeitreihenanalysen ein großer Teil der Ausgaben plausibel durch eine Reihe von Faktoren erklärt werden. Außer den privaten Einkommen und den Finanzzuweisungen erwiesen sich dabei vor allem die Bevölkerungsdichte und die Anzahl der Berufspendler als relevante Einflußgrößen. [2]

---

[1] Groll [1956; 1958], Dittrich [1957], Evers [1957; 1958], Lenort [1960], Blankenburg [1965], Marx [1965], Schmölders [1965], Görgens [1966] sowie Grathwohl [1973]. Für die sechziger und siebziger Jahre vgl. Hansmeyer und Zimmermann [1984].

[2] Zusammenfassende Übersichten bei Bahl [1969] und Wilensky [1970].

Ab Mitte der sechziger Jahre wurden ähnliche Untersuchungen auch für die Gemeinden in der Bundesrepublik durchgeführt. Deppe [1966], Deubel [1984] und Mielke [1985] haben in teilweise umfangreichen Querschnittsanalysen die Ausgaben nordrhein-westfälischer Gemeinden auf ihre Bestimmungsfaktoren überprüft. Sie konnten Zusammenhänge zwischen einer großen Zahl von sozio-ökonomischen, demographischen und finanzwirtschaftlichen Kennziffern und den Ausgaben für einzelne kommunale Aufgabenbereiche feststellen;[1] in einer eigenen Untersuchung [Boss, Bothe, 1987] wurden auf diese Weise auch die Ausgaben der 500 größten Gemeinden in der Bundesrepublik analysiert. Untersuchungen für schweizerische Gemeinden haben, wie bei der Überprüfung des Brechtschen Gesetzes, auch hier die aus den Arbeiten für die Bundesrepublik bekannt gewordenen Zusammenhänge im großen und ganzen bestätigt [Stohler, Frey 1967; Hauser et al., 1975].

2. Die Hypothesen von Peacock-Wiseman und Buchanan-Wagner

In den meisten Erklärungsansätzen wird die Zunahme der Staatstätigkeit als ein kontinuierlicher Prozeß aufgefaßt. Demgegenüber haben Peacock und Wiseman [1961] die Auffassung vertreten, daß sich das Wachstum des öffentlichen Sektors in Sprüngen vollzieht, die im Gefolge von Wirtschaftskrisen oder Kriegen auftreten. Dies versuchten sie am Beispiel Großbritanniens nach dem Zweiten Weltkrieg zu zeigen. So hatten während des Krieges die Ausgaben der Zentralregierung stark zugenommen, waren nach Kriegsende aber nicht wieder auf das frühere Niveau zurückgegangen, obwohl der ursprüngliche Anlaß für erhöhte Ausgaben nicht mehr bestand. Peacock und Wiseman unterschieden bei der Entwicklung zu höheren Ausgaben der Zentralregierung zwei Komponenten, nämlich die Ausgabenerhöhung, die sie als Niveauverschiebung bezeichneten ("displacement effect"), und die Zentralisierung der Ausgaben ("concentration effect").

---

[1] Außer der Einwohnerzahl erwiesen sich in der Regel als signifikant: Zahl der Berufspendler, Anteil der Beschäftigten im Tertiären Sektor, Wanderungssalden, Stellung im raumplanerischen System der "Zentralen Orte", Verwaltungsstatus, kommunale Steuerkraft und Finanzzuweisungen.

Die dauerhaft höheren Staatsausgaben über den ursprünglichen Anlaß hinaus erklären sie folgendermaßen [ibid, S. 26 f.]: Die Höhe der öffentlichen Ausgaben ist durch die Höhe jener Steuerbelastung beschränkt, welche die Bürger gerade noch zu tragen bereit sind; dies impliziert gleichzeitig eine bestimmte Vorstellung der Bürger davon, welche öffentlichen Ausgaben sie nach Art und Umfang wünschen. Normalerweise ändern sich diese Vorstellungen kaum; der öffentliche Sektor wächst dann in etwa dem gleichen Umfang wie die reale Produktion. Krisenhafte Entwicklungen wie Kriege, politische Umwälzungen und schwere wirtschaftliche Krisen führen jedoch dazu, daß sich beides, die gewünschte Höhe der staatlichen Aktivität wie auch das tolerierte Maß an steuerlicher Belastung, sprunghaft erhöhen. Typischerweise steigen dann die Ausgaben vor allem des Zentralstaates stark an; so kommt es zu der Kombination von Niveauverschiebungs- und Zentralisierungseffekt. Das einmal erreichte Niveau der staatlichen Ausgaben wird auch nach Ende der Krise nicht reduziert; die dem Staat erschlossenen zusätzlichen Einnahmen werden vielmehr jetzt für andere Zwecke als vorher eingesetzt.

Die Entwicklung der öffentlichen Ausgaben in Großbritannien nach dem Zweiten Weltkrieg kann auf diese Weise zwar zutreffend erklärt werden, wie etwa die Verwirklichung des Beveridge-Plans für eine umfassende soziale Sicherung unmittelbar nach Kriegsende zeigt; für eine Reihe anderer Länder, wie die USA, Kanada, Frankreich und auch die Bundesrepublik Deutschland trifft dies allerdings nicht zu [vgl. Leineweber, 1988, S. 156]. Insgesamt gesehen haben die empirischen Arbeiten die "displacement-concentration"-Hypothese kaum stützen können.[1] Vielmehr deuten die Ergebnisse darauf hin, daß die von Peacock und Wiseman herangezogenen Faktoren das Wachstum der Ausgaben in der Regel nicht nachhaltig beeinflußt haben. Sie führten zu kurzzeitigen Schwankungen um den langfristigen Trend, konnten diesen aber nicht erklären [vgl. Leineweber, 1988, S. 156].

Darüber hinaus gibt es in der Argumentation von Peacock und Wiseman einige Schwächen. So kann beispielsweise das Konzept einer tragbaren Steuerlast nicht präzisiert werden. Es erscheint auch nicht recht plausibel, warum diese kritische Steuerlast in einigen Ländern hö-

---

[1] Vgl. die Übersicht und Schlußfolgerungen bei Tussing und Henning [1979].

her sein soll als in anderen. Vor allem aber wird nicht klar, welche Faktoren letztlich bewirken, daß die Steuergrenze zwar nach oben, nicht aber nach unten revidiert wird [vgl. Gabriel, 1983, S. 40; Bird, 1972]. Vergleichsweise am einfachsten zu begründen scheint noch der Zentralisierungseffekt; dies folgt in der Regel schon aus den in einem Krisenfall sich stellenden Anforderungen an die Zentralebene.[1] Nur sind diese Überlegungen nicht neu: Popitz hat sie bereits einige Jahrzehnte früher angestellt.

Peacock und Wiseman haben versucht, ihre ursprüngliche These zu präzisieren und genauere Aussagen über den Mechanismus zu machen, der dem Niveauverschiebungseffekt zugrunde liegt, insgesamt jedoch mit geringem Erfolg [Peacock, Wiseman, 1979]. Der wichtigste Beitrag der "displacement-concentration"-Hypothese besteht daher vielleicht darin, daß dadurch eine Reihe von Forschungsfragen aufgeworfen wurde, die auf die Angebotsseite, d.h. das Verhalten des öffentlichen Sektors zielen [vgl. Larkey, 1984, S. 70].

James Buchanan und Richard Wagner [1977] haben die provozierende These aufgestellt, daß der Staatssektor in den letzten vierzig Jahren deswegen gewachsen ist, weil die Instrumente keynesianischer Fiskalpolitik mehr und mehr Eingang in die Wirtschaftspolitik gefunden haben. Die keynesianische Makrotheorie habe eine rationale Grundlage dafür geschaffen, einem ausgeglichenen Staatsbudget einen geringen Stellenwert zuzumessen und budgetpolitische Ziele wirtschaftspolitischen Zielen unterzuordnen. Unter den damaligen wirtschaftlichen Bedingungen hätte die fiskalische Globalsteuerung zu permanenten und nicht nur temporären Defiziten geführt. Diese Defizite, so argumentierten nun Buchanan und Wagner, verringerten für die jeweils aktive Generation den Preis öffentlicher Leistungen im Vergleich zu privaten Gütern. Deshalb steige der Umfang der Staatstätigkeit, während die zusätzlichen Lasten in Form von Zinszahlungen zum größeren Teil späteren Generationen aufgebürdet werde.

Im Gegensatz zu Peacock und Wiseman, die das Schwergewicht auf die Steuerfinanzierung von öffentlichen Ausgaben legen, steht bei diesem Erklärungsversuch die Finanzierung durch Kredite im Mittelpunkt.

---

[1] Vgl. aber die Kritik von Peltzman [1980, S. 214] am "concentration effect".

Buchanan und Wagner warfen damit erneut die Frage nach der Gültigkeit des Ricardianischen Äquivalenztheorems auf. Danach hat die Staatsverschuldung die gleichen gesamtwirtschaftlichen Auswirkungen wie die Finanzierung der Staatsausgaben über Steuern. Die gegenwärtige Generation bezieht, mit anderen Worten, zukünftige Steuerbelastungen zur Finanzierung der Staatsschuld in ihr Entscheidungskalkül ein, es gibt also keine Fiskalillusion. [1] Die von Buchanan und Wagner speziell zu den Auswirkungen keynesianischer Wirtschaftspolitik postulierten Zusammenhänge sind für die USA empirisch überprüft worden; ein eindeutiger Zusammenhang zwischen Veränderungen der öffentlichen Verschuldung aufgrund der keynesianischen Politik und den Staatsausgaben konnte dabei nicht festgestellt werden [Barro, 1978; Gordon, 1978; Niskanen, 1987].

3. Baumols These vom ungleichgewichtigen Produktivitätsfortschritt

Von Baumol [1967] ist dargelegt worden, daß die Staatsausgaben im Zeitverlauf zunehmen, weil der Produktivitätsfortschritt im öffentlichen Sektor geringer ist als im privaten Sektor. Er stützt sich dabei auf ein Zwei-Sektoren-Modell, in dem der öffentliche Sektor durch die arbeitsintensive Produktion von Dienstleistungen und der private Sektor durch die kapitalintensive Produktion von Gütern gekennzeichnet sind. Es wird angenommen, daß die Steigerung des Lohnsatzes in beiden Sektoren an der Produktivitätsentwicklung im privaten Sektor orientiert ist. Wenn die Produktivitätsentwicklung im öffentlichen Sektor damit nicht Schritt hält oder sogar gleich Null ist, führt das - bei unverändertem Leistungsangebot - zu einem Kostenanstieg im öffentlichen Sektor. Ist die Nachfrage nach öffentlichen Leistungen preisunelastisch, müssen die öffentlichen Ausgaben steigen.

Insbesondere die von Baumol vorgenommene Charakterisierung von öffentlichem und privatem Sektor kann nicht unumschränkt akzeptiert werden. So bleibt bei der vereinfachend unterstellten Spezialisierung, hier Dienstleistungen, dort Güterproduktion, der große Anteil der

---

[1] Zum Äquivalenztheorem vgl. Barro [1974], speziell für die Bundesrepublik Kitterer [1986] und Flaig [1987]; zur Diskussion der Fiskalillusion vgl. Abschnitt B. III. 2.

Dienstleistungen im privaten Sektor ebenso unberücksichtigt wie die auch im öffentlichen Sektor zum Teil kapitalintensive Produktion. Auch lassen die in den klassischen personalintensiven Dienstleistungsbereichen inzwischen erreichten Produktivitätsfortschritte, etwa aufgrund des Einsatzes der EDV, die Annahme eines Produktivitätsstillstands im öffentlichen Sektor wegen der Spezialisierung auf Dienstleistungen wenig plausibel erscheinen. Hinzu kommt, daß der Staat erhebliche Mittel für Güter und Dienste ausgibt, die er vom privaten Sektor bezieht (Hochbau, Straßenbau). Hier kann vermutet werden, daß der Produktivitätszuwachs im öffentlichen Sektor dem des privaten Sektors entspricht.

Das größte Problem mit Baumols These ist jedoch ihre empirische Überprüfung. Um sie zu bestätigen, müßte nämlich nachgewiesen werden, daß die Produktivität im öffentlichen Sektor im Zeitablauf tatsächlich langsamer gestiegen ist als im privaten Sektor. Ein solcher Vergleich ist jedoch außerordentlich schwierig. Staatliche Leistungen werden im allgemeinen nicht am Markt bewertet, deswegen kann man die Produktivität im öffentlichen Sektor nicht bestimmen.[1] Auf gesamtwirtschaftlicher Ebene kann zwar auf die Ergebnisse der Volkswirtschaftlichen Gesamtrechnungen zurückgegriffen werden. Dort wird der Output des öffentlichen Sektors jedoch entweder anhand der Inputkosten gemessen - der Produktivitätsfortschritt ist dann definitionsgemäß gleich Null -, oder es müssen näherungsweise Indikatoren gebildet werden [vgl. z. B. Brümmerhoff, 1976].

Eine andere Möglichkeit besteht darin, Anhaltspunkte über die Produktivitätsentwicklung aus Einzelfallstudien zu gewinnen. Solche Studien haben in den USA für die Bundesstaatsebene und die lokale Ebene Hinweise darauf erbracht, daß das Produktivitätswachstum in den sechziger Jahren im öffentlichen Sektor im Durchschnitt gleich Null oder sogar negativ gewesen ist [Spann, 1977; Orzechowski, 1977]. Wegen einer Reihe von methodischen Schwierigkeiten sind diese Ergebnisse jedoch in ihrer Aussagekraft beschränkt; auch können mit den dort konstatierten Produktivitätsunterschieden nur etwa 20 vH der beobachteten Ausgabensteigerungen erklärt werden [vgl. Orzechowski, 1977, S. 249]. Um Baumols Hypothese überprüfen zu können, wäre es notwendig, die Produktivitätsentwicklung in bestimmten Bereichen des öffentlichen Sektors

---

[1] Vgl. dazu z. B. Scicluna et al. [1982] und Hanusch [1982].

direkt mit der in entsprechenden privaten Dienstleistungsbereichen zu vergleichen. Tatsächlich haben Einzelfallstudien Hinweise auf unterschiedliche Produktivitäten erbracht. Eine der bekanntesten Untersuchungen ist die von Davies [1971]. Er verglich die wirtschaftlichen Aktivitäten von zwei australischen Fluggesellschaften, die mit gleichen Flugzeugtypen dasselbe Streckennetz unterhielten. Eine der beiden Fluglinien wurde privat betrieben, die andere staatlich. Davies fand heraus, daß die private Gesellschaft nach den Beförderungsleistungen im Personen- und Güterverkehr sowie nach dem Ertrag je Angestellten um etwa 13 vH kostengünstiger arbeitete als die staatliche.[1]

Solche Hinweise auf unterschiedliche Produktivitäten sind jedoch nicht, wie bei Baumol, auf die Natur des Produktionsprozesses zurückzuführen, sondern auf die offenbar geringere Effizienz im öffentlichen Sektor, mit der sich aber Baumol nicht befaßt hat. Direkte Vergleiche, wie in obengenanntem Beispiel, sind im Rahmen von Baumols Modell annahmegemäß gar nicht möglich.[2]

III. Public-choice-Ansätze

In den bisher diskutierten Erklärungsansätzen für öffentliche Ausgaben wurden von den Beziehungen zwischen dem Staatssektor und dem privaten Sektor jeweils bestimmte Ausschnitte herausgegriffen, oder der Staatssektor wurde weitgehend als exogene Größe behandelt. Im Unterschied dazu wird bei den Public-choice-Ansätzen der öffentliche Sektor als Teil des ökonomischen und politischen Gesamtsystems aufgefaßt und in die Analyse explizit einbezogen.

Die Public-choice-Ansätze sind weiterhin dadurch gekennzeichnet, daß ihnen Annahmen über rationales Verhalten der beteiligten Individuen bzw. Gruppen zugrundeliegen, ebenso wie die eine oder andere Form einer Marktanalogie, innerhalb derer öffentliche Leistungen nachgefragt oder angeboten werden. Das Verhalten der Beteiligten wird entschei-

---

[1] Vgl. dazu auch Pommerehne [1977; 1983], der die private und die öffentliche Müllabfuhr untersuchte.

[2] Mögliche Unterschiede in der Effizienz zwischen öffentlichem und privatem Sektor werden seit geraumer Zeit im Rahmen der Bürokratietheorie untersucht (vgl. Abschnitt B. III. 1).

dungstheoretisch zu erklären versucht; beobachtete Phänomene werden als Ergebnis von Entscheidungsprozessen interpretiert, in deren Verlauf die beteiligten Individuen oder Gruppen genau definierte Präferenzen - beispielsweise in bezug auf den Umfang der öffentlichen Leistungserstellung und die Steuerstruktur - entwickeln. Jeder von ihnen entscheidet und handelt im eigenen Interesse in dem Sinn, daß er seinen (erwarteten) Nutzen unter bestimmten Nebenbedingungen, das sind in der Regel die konkurrierenden Interessen anderer, maximiert. [1]

Einzelne Ansätze im Rahmen des Public Choice können dann danach unterschieden werden, welche Gruppe jeweils in den Mittelpunkt der Analyse gestellt wird. Auf der Angebotsseite sind das in erster Linie die Angehörigen der öffentlichen Verwaltung, ihnen stehen auf der Nachfrageseite die Wähler gegenüber; die Politiker treten gewissermaßen als Vermittler zwischen beiden Gruppen auf. Teile dieses Gesamtzusammenhangs werden unter jeweils unterschiedlichem Blickwinkel und mit unterschiedlicher Gewichtung in den ökonomischen Theorien der Bürokratie, der These von der Fiskalillusion und dem Medianwähleransatz untersucht. Diese drei Erklärungsansätze werden in den folgenden Abschnitten in ihren Grundzügen dargestellt und kritisch analysiert. [2]

1. Ökonomische Theorien der Bürokratie

Das Verhalten von Angehörigen des öffentlichen Dienstes, der "Bürokraten", war anfänglich Gegenstand soziologischer Untersuchungen. Weber [1947], Blau [1955] und Crozier [1964] entwickelten normative Vorstellungen über Verhaltensweisen innerhalb von öffentlichen Institutionen. Insbesondere Webers Idealbild des loyalen Staatsdieners hat sich in diesem Zusammenhang eingeprägt. Anfänge einer positiven

---

[1] Vgl. Larkey [1984, S. 73]; ausführlich zu ökonomisch rationalem Verhalten aus der Sicht des Public Choice auch Kirchgässner und Pommerehne [1988].

[2] In teilweise engem Zusammenhang mit jeweils einem der hier genannten stehen einige weitere Ansätze (Einfluß von Interessengruppen bzw. der "dominanten Partei" sowie organisationstheoretische und sogenannte inkrementalistische Ansätze). Auf sie wird an jeweils geeigneter Stelle ebenfalls eingegangen.

Theorie der Bürokratie finden sich bei Tullock [1965] und Downs [1967], die sich ebenfalls auf die Analyse der Entscheidungsabläufe innerhalb einer Verwaltungseinheit beschränkten. Dabei wurde u.a. bereits der Frage nachgegangen, welchen Einfluß die internen Abläufe auf den Umfang des öffentlichen Sektors ausüben.

Niskanen [1971] kommt das Verdienst zu, das Verhalten der Bürokratie im Hinblick auf ihre ausgabenwirksamen Effekte zum ersten Mal unter ökonomischen Gesichtspunkten untersucht zu haben. Seine Überlegungen zu diesem Bereich sind bis heute maßgeblich, und sie sind die Grundlage für spätere Fortentwicklungen der Bürokratietheorie gewesen. Zwei Annahmen sind für Niskanens ursprünglichen Ansatz [1971, S. 25, 38] von zentraler Bedeutung:

- Der einzelne Bürokrat hat ein Interesse daran, daß der Umfang öffentlicher Aktivitäten sich vergrößert, denn das ist zu seinem Vorteil: Er maximiert seinen individuellen Nutzen, indem er das ihm zur Verfügung stehende Budget maximiert.
- Gegenüber den Nachfragern nach den von ihm angebotenen Gütern und Dienstleistungen ist er in der Position eines monopolistischen Anbieters.

Niskanen zufolge steht für den Bürokraten das Budget demnach stellvertretend für sämtliche Elemente seiner Nutzenfunktion. Es schließt pekuniäre Nutzen (Gehalt) und nichtpekuniäre Nutzen (Prestige, Einfluß, Annehmlichkeiten am Arbeitsplatz) ein. Dies wird damit begründet, daß dem Bürokraten das Ziel der Gewinnmaximierung privatwirtschaftlicher Aktivität verwehrt ist: Öffentliche Verwaltungsstellen dürfen in der Regel keine Gewinne erzielen. Eventuelle Überschüsse, etwa in Form eingesparter Haushaltsmittel, dürfen nicht einbehalten und verteilt werden, sondern sind abzuführen. Daher weicht der Bürokrat auf den Umweg des Budgets aus.

Die zweite Annahme ergibt sich für Niskanen aus den Bedingungen, unter denen, etwa in Gebietskörperschaften, die Entscheidungen über die Ausgaben fallen. Dabei faßt er die betreffende Verwaltungseinheit idealisierend als eine streng hierarchische Organisation auf. Stellvertretend dafür steht bei ihm ein "Chefbürokrat", der seinen persönlichen Nutzen maximiert. Die Monopolstellung ergibt sich in der Regel daraus, daß für ein bestimmtes Verwaltungsgebiet nur eine Behörde zuständig ist. Zwar steht dem Angebotsmonopol in diesem Fall ein Nachfragemonopol der politisch gewählten Vertreter der Bürger gegenüber. Diese sind in aller Regel aber weit weniger gut informiert als die Verwaltung, insbesondere was die Produktionsbedingungen für das jeweilige Gut bzw. die Dienstleistung angeht. Gefördert wird dies dadurch, daß gerade bei öffentlich produzierten bzw. bereitgestellten Gütern der Angebotsumfang häufig nicht exakt bestimmt werden kann. Lediglich das Aktivitätsniveau einer öffentlichen Dienststelle kann bestimmt werden, nicht aber ihr Output.[1]

Unter diesen beiden Annahmen leitet Niskanen [1971, S. 45-58] in seinem ursprünglichen Ansatz das Verhalten der öffentlichen Verwaltung als dem ausschlaggebenden Akteur bei der Entscheidung über den Umfang der öffentlichen Güterproduktion ab. In Analogie zu einem privaten Monopolisten, der seinen Gewinn für eine bestimmte Preis-Mengen-Kombination maximiert, maximiert der öffentliche Anbieter das ihm von den politischen Kontrollinstanzen bewilligte Budget. An die Stelle der Gesamterlösfunktion des privaten Monopolisten tritt dabei für ihn die sogenannte Budget-Output-Funktion. Diese Funktion ordnet jedem Outputniveau das maximale Budget zu, das gerade noch bewilligt wird. Das wichtigste Ergebnis seiner Überlegungen ist, daß die Verwaltung ein höheres Outputniveau wählt, als volkswirtschaftlich optimal wäre; es kommt bei bürokratischer Bereitstellung tendenziell zu einer Überversorgung mit öffentlichen Gütern und damit auch zu höheren Ausgaben [ibid., S. 64].

Niskanens ursprünglicher Ansatz wurde von Migué und Bélanger [1974] weiterentwickelt. Ausgangspunkt der Überlegungen war ihre Kritik an Niskanens Hypothese von der Maximierung des Gesamtbudgets. Konsequent zu Ende gedacht folgt daraus nämlich, daß die öffentliche Verwaltung betrieblich effizient arbeiten und daß der Chefbürokrat sogar ein Interesse an einem niedrigen persönlichen Einkommen haben müßte.[2]

---

[1] So kann beispielsweise die Anzahl von Streifengängen der Polizei oder der Unterrichtsstunden von Lehrern sofort ermittelt werden. Damit ist aber noch nichts über die öffentliche Sicherheit in einer Gemeinde oder den Wissensfortschritt der Schulkinder gesagt.

[2] Migué und Bélanger [1974, S. 29]; dies ergibt sich in Niskanens ursprünglichem Ansatz aus der Koppelung des jeweils maximal bewilligten Budgets an den Output über die Budget-Output-Funktion [Niskanen, 1971, S. 45]. Bei der Bereitstellung öffentlicher Güter und Dienstleistungen anfallende Überschüsse, etwa in Form eingesparter Haushaltsmittel, würden somit stets in zusätzlichen Output umgesetzt.

Dieser würde zwar eine effiziente Produktion wie bei einem privaten Unternehmen anstreben, zöge daraus für sich aber keinen Vorteil. Letzteres steht im Widerspruch zu Niskanens Annahme, daß der Bürokrat Budgetsteigerungen als Nutzenzuwachs auch im Sinne pekuniärer Ziele auffaßt. Darüber hinaus lassen empirische Untersuchungen die Annahme einer effizienten Produktion im öffentlichen Sektor als sehr fragwürdig erscheinen.[1]

Migué und Bélanger [ibid, S. 29] lösen diesen Widerspruch, indem sie dem Chefbürokraten eine Nutzenfunktion unterstellen, in der neben dem Output als Synonym für das Budget auch unproduktive Zielgrößen wie beispielsweise das Gehalt, die Anzahl der Untergebenen und die Büroausstattung direkt enthalten sind. Dabei übertrugen sie Folgerungen Williamsons [1967] aus der Theorie der Unternehmen über das Verhalten von Managern im privatwirtschaftlichen Bereich auf den öffentlichen Sektor. So hatte die Entwicklung von Unternehmensformen, bei denen die Personalunion von Kapitaleigner und Unternehmer nicht mehr gegeben ist, zu Überlegungen geführt, ob unter den veränderten Anreizstrukturen für den Manager nach wie vor Gewinnmaximierung das Ziel unternehmerischen Handelns ist.

Das wesentliche Ergebnis dieser Überlegungen war gewesen, daß dem Manager eine Nutzenfunktion unterstellt werden muß, in der neben dem Gehalt auch andere Elemente wie beispielsweise die oben genannten enthalten sind, was Abweichungen vom gewinnmaximierenden Verhalten zur Folge haben kann [Williamson, 1967, S. 30 f.]. Diese Situation, so argumentierten nun Migué und Bélanger [1974, S. 33], kann im Grundsatz auch auf öffentliche Institutionen übertragen werden, denn in beiden Fällen führt jemand eine Organisation als Vertreter der Interessen anderer und hat einen Anreiz, zumindest nicht den gesamten Gewinn abzuführen bzw. die gesamten Überschüsse in zusätzlichen Output umzusetzen. Weil er ihn sich aber auch nicht direkt aneignen kann, liegt der Ausweg darin, zu höheren als den minimalen Kosten zu produzieren.

---

1 So haben empirische Studien, in denen die Kosten einer öffentlichen mit denen einer privatwirtschaftlichen Versorgung mit jeweils den gleichen Gütern verglichen wurden, das sogenannte "bureaucratic rule of two" [Borcherding, 1977] ergeben. Danach sind die Stückkosten einer bürokratischen Bereitstellung in der Regel doppelt so hoch wie die bei einer privatwirtschaftlichen Versorgung [vgl. Orzechowski, 1977; Spann, 1977].

Auf die Situation einer öffentlichen Verwaltungsstelle angewandt bedeutet das: Unproduktive Zielgrößen können nur alternativ zum Output finanziert werden; es kommt zu Kostensteigerungen, und es tut sich eine Lücke auf zwischen den offengelegten, d.h. über Steuereinnahmen finanzierten Kosten, und den für eine effiziente Produktion notwendigen, minimalen Kosten. Diese Differenz, und nicht mehr das gesamte Budget zu maximieren, ist nach Migué und Bélanger [ibid., S. 29] das Ziel des Chefbürokraten. Die freiwerdenden Mittel kann er entweder dazu verwenden, den Output zu steigern (die ursprüngliche These von Niskanen wäre dann ein Grenzfall) oder seine Arbeitsbedingungen angenehm zu gestalten, oder beides.

Im Vergleich der Modelle von Niskanen sowie von Migué und Bélanger ergibt sich:

- Niskanens Überlegungen implizieren Überversorgung bei effizienter, d.h. kostenminimaler Produktion;
- Migué und Bélanger fassen dies als einen möglichen Extremfall auf, können darüber hinaus aber auch alle Zwischenstufen von betriebswirtschaftlicher Ineffizienz und relativ geringerer Überversorgung erklären bis hin zu dem anderen Extrem, daß der gewünschte Output genau realisiert wird, allerdings bei einem Höchstmaß an betrieblicher Ineffizienz;
- das Verhältnis von betrieblicher Ineffizienz (Kostensteigerung) und allokativer Ineffizienz (Überversorgung) ist durch die Präferenzen des Bürokraten bestimmt;
- für die Bürger ergibt sich in beiden Fällen kein Unterschied, weil die gesamte Konsumentenrente jeweils vollständig abgeschöpft wird.

In diesem Sinne haben Migué und Bélanger Niskanens ursprüngliche Theorie der Bürokratie und die Ergebnisse von Williamson zu einem allgemeinen Modell der Bürokratie zusammengeführt: Die Monopolmacht der öffentlichen Verwaltung wird verknüpft mit einer Nutzenannahme, die nichteffiziente Produktion plausibel macht.

Keine Aussage treffen Migué und Bélanger über die Präferenzen des Chefbürokraten im Hinblick auf die zusätzlich eingesetzten Inputfaktoren, Kapital bzw. Arbeit. Demgegenüber hatte Williamson [1967] vermutet, daß es eine Präferenz für zusätzliche Beschäftigung gibt, weil sich die Anzahl der Untergebenen in Gehalt und Prestige des Chefbürokraten widerspiegelt. In einer empirischen Untersuchung über amerikanische Universitäten wurde dies bestätigt [Orzechowski, 1977]. Im Gegensatz dazu führt beispielsweise de Alessi [1969] aus, daß der Chefbürokrat eine Präferenz für erhöhten Kapitaleinsatz haben kann. Der Grund liegt für ihn darin, daß er sein Budget in einer bestimmten Zeit, d.h. in der Regel seiner Amtszeit, maximiert. Schnelle und ausgeprägte Ausgabensteigerungen sind aber vor allem durch verstärkten Kapitaleinsatz zu bewirken.

Ein zusätzliches Argument für eine Präferenz des Chefbürokraten für Personalaufstockungen lieferte Tullock [1974], indem er auf die Funktion der Angehörigen der öffentlichen Verwaltung als Wähler abstellt: Sie haben als Produzenten der öffentlichen Güter ein zusätzliches Interesse an öffentlichen Aktivitäten und stimmen deswegen bei Wahlen tendenziell für höhere Ausgaben. Aus diesem Grund und weil ihre Informationskosten gering sind, ist auch die Wahlbeteiligung höher, was empirisch vielfach bestätigt werden konnte. Durch eine höhere Zahl von Untergebenen würde somit auch auf diesem Weg die Position des Chefbürokraten gestärkt. Diese Überlegungen wurden im Zusammenhang mit dem Medianwähleransatz von Bush und Denzau [1977] fortgeführt. Borcherding et al. [1977] haben einen Index entwickelt, mit dem das zusätzliche Gewicht der Angehörigen des öffentlichen Dienstes bei Wahlen gemessen werden kann (vgl. dazu auch Abschnitt D.III.2.e).

In empirischen Untersuchungen konnte diese Vermutung jedoch nicht immer bestätigt werden [Pommerehne, Frey, 1978; Craswell, 1975]. Wie Musgrave [1981] ausführt, mag das darauf zurückzuführen sein, daß die im öffentlichen Sektor Beschäftigten doch nicht im Block für höhere Ausgaben votieren. Auf lokaler Ebene könnte außerdem die Möglichkeit eine Rolle spielen, daß Wähler, die mit solchen Entwicklungen unzufrieden sind, abwandern können. Der Durchsetzungsfähigkeit von bürokratischen Präferenzen für höhere Ausgaben wären damit Grenzen gesetzt.

Unter dem Einfluß der Überlegungen von Migué und Bélanger hat Niskanen [1975] seinen ursprünglichen Ansatz revidiert. Er integrierte den Ansatz des diskretionären Budgets; darüber hinaus untersuchte er aber auch den möglichen Einfluß der Legislative auf das Verhalten der öffentlichen Verwaltung, ein Aspekt, der bis dahin weitgehend unberücksichtigt geblieben war.

Die Beziehung zwischen der Verwaltung und parlamentarischen Kontrollinstanzen, wie etwa Haushaltsausschüssen, charakterisiert er als zweiseitiges Monopol. Allerdings kommt Niskanen hier zu dem Schluß, daß sich an dem Übergewicht der Verwaltung im Grundsatz wenig ändert. Dafür führt er eine Reihe von Argumenten an: So sind die einschlägigen Ausschüsse häufig mit Politikern besetzt, die primär Vertreter von Interessengruppen sind. Deswegen haben sie selbst ein Interesse an höheren Ausgaben. Sparsamkeit als Ausdruck allgemeinen Wählerinteresses hingegen zahlt sich wenig aus, weil die Vorteile daraus breit streuen, die Informationskosten aber stark konzentriert sind. Die Aufsichtstätigkeit ist wenig "sichtbar" und schlägt sich nicht entsprechend in Wählerstimmen nieder. In diesem Sinn kann die Aufsichtsfunktion als ein öffentliches Gut aufgefaßt werden, dessen Nutzen allen zugute kommt, ohne daß die anfallenden (Informations-)Kosten ausreichend zugerechnet werden könnten; das "Gut" wird daher in zu geringem Umfang angeboten [vgl. Niskanen, 1975, S. 626].

Insgesamt gesehen ist ein Einfluß der Verwaltung auf den Umfang des öffentlichen Güterangebots - und damit auch auf die Ausgaben - wohl kaum von der Hand zu weisen. Die Angehörigen des öffentlichen Dienstes können dabei auch als Spezialfall einer Interessengruppe aufgefaßt werden. Während sie aus der Inanspruchnahme von öffentlichen Leistungen grundsätzlich in gleicher Weise Nutzen ziehen wie die übrige Bevölkerung, haben sie gleichzeitig als Produzenten ein zusätzliches Interesse an der Erstellung dieser Leistungen. Sich für eine Ausweitung des öffentlichen Leistungsangebots einzusetzen, ist für die im öffentlichen Dienst Beschäftigten lohnenswert, weil die dadurch entstehenden zusätzlichen Nutzen und zusätzlichen Kosten auf sie selbst und die übrige Bevölkerung asymmetrisch verteilt sind.[1]

Kritisch anzumerken ist bei diesem Ansatz allerdings, daß es für die unterstellte Monopolstellung der Bürokratie letzten Endes keine befriedigende Erklärung gibt. Das zur Begründung herangezogene Argument des Informationsvorsprungs gegenüber den budgetbewilligenden Instanzen erscheint nur für jeweils kurze Zeiträume plausibel. Dann kann

---

[1] Zum Einfluß von Interessengruppen auf die Entwicklung öffentlicher Aktivitäten, die durch Asymmetrien in den Kosten- und Ertragsstrukturen hervorgerufen werden vgl. auch Buchanan und Tullock [1962, S. 286-289]; für einen internationalen Vergleich in historischer Perspektive Olson [1982]; neuere Arbeiten stammen von Mueller und Murrell [1985; 1986].

aber nicht mehr begründet werden, warum der Spielraum der öffentlichen Verwaltung - wegen der ja offensichtlich gestiegenen Ausgaben - stetig zugenommen haben sollte. Pommerehne und Kirchgässner [1988, S. 236] haben in diesem Zusammenhang die Frage aufgeworfen, warum die budgetbewilligenden Politiker, welche die Nachfrage nach öffentlichen Leistungen artikulieren, nicht einfach auf kostengünstigere private Anbieter ausweichen. Welche Einflußfaktoren in das Entscheidungskalkül der Politiker eingehen, bleibt bei dem Ansatz somit weitgehend ungeklärt. Auch wird der Einfluß von Wahlen und von anderen Formen demokratischer Kontrolle, wie etwa der staatlichen Kommunalaufsicht, vernachlässigt.

Aber selbst wenn die Monopolstellung einer öffentlichen Verwaltung einmal als gegeben hingenommen würde, bliebe immer noch die Frage offen, mit welcher Berechtigung das Entscheidungskalkül eines Chefbürokraten als repräsentativ für die Präferenzen der gesamten Verwaltung herangezogen werden kann. Mueller [1987, S. 136] hat darauf verwiesen, daß unter den in dem Ansatz getroffenen Annahmen tatsächlich am ehesten von den Verwaltungsangehörigen auf mittlerer Ebene erwartet werden kann, daß sie für eine Ausweitung des öffentlichen Leistungsangebots eintreten. Darüber hinaus deuten die bisherigen Ergebnisse der organisationstheoretischen Forschung eher auf ein kompliziertes Geflecht von Abhängigkeiten innerhalb einer Verwaltungseinheit hin, als auf eindeutige hierarchische Strukturen.[1]

Problematisch am bürokratietheoretischen Ansatz erscheint weiterhin, daß sich insbesondere die These von der allokativen, teilweise aber auch die von der produktionstechnischen Ineffizienz empirisch kaum überprüfen lassen [vgl. dazu Pommerehne, Kirchgässner, 1988, S. 235]. Um auf allokative Ineffizienz schließen zu können, müßte nämlich ein Referenzbudget bestimmt werden, dem ein von der öffentlichen Verwaltung vorgeschlagenes gegenübergestellt werden könnte. Wegen der bereits diskutierten Schwierigkeiten bei der Messung des öffentlichen Outputs kann ein solches Budget jedoch nicht ermittelt werden. Bei der

---

[1] Für den organisationstheoretischen Ansatz zur Erklärung öffentlicher Ausgaben vgl. Bahl et al. [1980, S. 71] und Scott [1972]. In neueren Entwicklungen der Bürokratietheorie ist versucht worden, dem Rechnung zu tragen. Dabei sind allerdings Begriffskategorien eingeführt worden, die sich einer empirischen Analyse bislang noch weitgehend entziehen. Für eine Übersicht vgl. Rowley und Elgin [1985].

Prüfung auf produktionstechnische Effizienz gibt es diese Schwierigkeiten zwar nicht im gleichen Maß, wohl aber stellen sich die bereits im Zusammenhang mit der Baumolschen These diskutierten Probleme der Leistungsmessung für den öffentlichen Sektor (vgl. Abschnitt B. II. 3). Diese Schwierigkeiten sind sicher ein wesentlicher Grund dafür, daß es bislang keinen direkten Test der Niskanen-Hypothese gibt. Daher können auch die Mechanismen, nach denen sich der Einfluß der öffentlichen Verwaltung auf die Ausgaben vollzieht, mit Hilfe der ökonomischen Theorie der Bürokratie bislang kaum befriedigend erklärt werden.

Auch die Überlegung von Mueller [1987, S. 138 f.], wonach die Fähigkeit der öffentlichen Verwaltung, die Ausgaben in ihrem Sinne zu beeinflussen, möglicherweise von der Höhe und der Komplexität des Budgets selbst abhängt, trägt kaum zur Klärung bei. Mueller argumentierte folgendermaßen: Je umfangreicher und komplexer das Budget, um so schwieriger wird es für Außenstehende, es zu kontrollieren. In dem Maße, in dem ein umfangreicheres Budget auch synonym für eine größere Verwaltung steht, nimmt aber auch die Zahl derer zu, die an einer weiteren Ausweitung ein Interesse haben. Träfen diese Überlegungen zu, müßte der Umfang öffentlicher Aktivitäten - ceteris paribus - immer schneller wachsen. Mueller ist offenbar selbst skeptisch, was den Erklärungsgehalt seiner These angeht, auch wenn die beobachtete Ausgabenentwicklung sie auf den ersten Blick zu bestätigen scheint. Letzten Endes handelt es sich um nichts anderes als die Extrapolation vorgefundener, aber nicht erklärter Phänomene. Dies erinnert an die Vorgehensweise bei dem inkrementalistischen Erklärungsansatz, mit dessen Hilfe Ausgabenentwicklungen im Zeitablauf in der Regel ebenfalls gut beschrieben werden können.[1] Über die inneren Zusammenhänge bei Ausgabenentscheidungen im öffentlichen Sektor, zu deren Klärung die theoretischen Überlegungen beitragen sollen, wird hingegen nichts ausgesagt.

---

1 Bei dem inkrementalistischen Ansatz zur Erklärung öffentlicher Ausgaben wird die Komplexität des unterstellten Entscheidungsprozesses drastisch reduziert. Man nimmt dazu das Budget des Vorjahres als gegeben hin und beschränkt sich darauf zu erklären, wie zusätzliche Mittel verteilt werden: "The largest determining factor of the size and content of this year's budget ist last year's budget" [Wildavsky, 1979, S. 13]; kritisch zur Anwendbarkeit inkrementalistischer Ansätze allgemein äußert sich Lessmann [1987].

2. Fiskalillusion

In den ökonomischen Theorien der Bürokratie steht das Verhältnis von Anbietern öffentlicher Leistungen (der öffentlichen Verwaltung) und den ausgabenbewilligenden Instanzen (den gewählten Politikern) im Vordergrund. Ein Ergebnis der Überlegungen ist dabei, daß letzten Endes die Verwaltung als ein monopolistischer Anbieter darüber befindet, was an Gütern und Dienstleistungen öffentlich bereitgestellt wird. Von entscheidender Bedeutung für diese starke Position ist, daß die Angehörigen der öffentlichen Verwaltung über einen Informationsvorsprung im Hinblick auf die Produktionskosten der Güter und Dienstleistungen verfügen. Ihnen wird volle Kenntnis der minimalen Kosten unterstellt, so daß sie die Politiker über die Höhe der minimalen Kosten öffentlicher Leistungen zumindest teilweise im unklaren lassen können.

Die These von der Fiskalillusion weist zu diesen Überlegungen Parallelen auf; dabei wird allerdings besonderes Gewicht auf das Verhältnis von Politikern und Wählern gelegt. Aus der Sicht des Public Choice, wo das individuelle Entscheidungskalkül im Mittelpunkt steht, wird von Fiskalillusion vor allem dann gesprochen, wenn jemand die Kosten öffentlicher Aktivitäten, die er anteilig über Steuern und andere Abgaben finanziert, und/oder die Nutzen, die ihm aus der öffentlichen Bereitstellung von Gütern und Dienstleistungen zufließen, verzerrt wahrnimmt.

Außer bei Personen kann es zu Fiskalillusion auch bei Gebietskörperschaften kommen, etwa wenn die Kosten einer öffentlichen Maßnahme aufgrund von Ausgleichszahlungen nur teilweise von der Gebietskörperschaft getragen werden, die davon ausschließlich profitiert. Entsprechendes gilt, wie bereits bei der Diskussion der Buchanan-Wagner-Hypothese dargelegt, für die Auswirkungen der öffentlichen Verschuldung auf die verschiedenen Generationen.[1] Insbesondere die Kostenseite der Fiskalillusion, die dann als Steuerillusion bezeichnet wird, hat in der Li-

[1] Vgl. Abschnitt B. II. 2. Alle drei Ausprägungen von Fiskalillusion können auch aufgefaßt werden als Störungen im ökonomischen und politischen Verbund zwischen Nutzern, Zahlern, Entscheidern und Anbietern bei öffentlich bereitgestellten Gütern und Dienstleistungen. Diese Störung hat dann entweder eine personale oder regionale bzw. temporale Komponente (vgl. Leineweber [1988, S. 89 f.]; allgemein zum Verbundprinzip vgl. Recktenwald [1986]).

teratur starke Beachtung gefunden.[1] Von Steuerillusion wird stets dann gesprochen, wenn jemand über die Höhe der von ihm gezahlten Steuern eine unzutreffende Vorstellung hat, d.h., er sie zu hoch oder zu niedrig einschätzt.

Faßt man Steuern als Preis für öffentlich bereitgestellte Güter und Dienstleistungen auf,[2] ist Steuerillusion für eine rationale Entscheidung der Bürger darüber, welche öffentlichen Leistungen sie wünschen und wieviel sie dafür zu zahlen bereit sind, abträglich. Eine mögliche Folge wäre dann, daß die Ressourcenaufteilung zwischen dem öffentlichen und dem privaten Sektor nicht den wahren Präferenzen der Bürger entspricht, d.h. den Präferenzen, die sie bei besserer Information hätten und in Abstimmungen offenbaren würden. Mit anderen Worten: Herrscht Steuerillusion, können die Politiker die Wähler über die Höhe der Ausgaben für die öffentlichen Aktivitäten, also letzten Endes über den Umfang des öffentlichen Sektors, teilweise im unklaren lassen.

Abweichungen vom unverzerrten Entscheidungskalkül, d.h. dem Abwägen der tatsächlichen Kosten öffentlicher Aktivitäten gegen ihre Nutzen, erlauben noch keine Rückschlüsse darauf, in welche Richtung sich Umfang und Zusammensetzung des öffentlichen Sektors ändern. So kann Steuerillusion eine Unterschätzung der individuellen Steuerlast durch den Bürger ebenso bedeuten wie eine Überschätzung. Es ist daher zunächst auch nur eine mögliche - allerdings nicht unplausible - Interpretation, wenn bei Steuerillusion vermutet wird, daß die Bürger ihre Steuerbelastung systematisch unterschätzen und deswegen der öffentliche Sektor umfangreicher ist, als es bei besserer Information der Fall wäre.

In diesem Zusammenhang hat bereits Downs [1957] darauf hingewiesen, daß es für den Einzelnen durchaus rational sein kann, über die eigene Steuerbelastung nur unvollständig informiert zu sein ("rational voter ignorance"). Das ist immer dann der Fall, wenn die Kosten der

---

[1] Vgl. aber Musgrave [1981, S. 99] zur Fiskalillusion in bezug auf die Angebots-/Leistungsseite.

[2] Betrachtet man einzelne Steuern, so ist diese Sichtweise nur gerechtfertigt, wenn es sich um Äquivalenzsteuern handelt. Trifft dies nicht auf alle von einer Gebietskörperschaft erhobenen Steuern zu, mag zwar noch die Gesamtheit aller gezahlten Steuern als das Äquivalent für sämtliche öffentlichen Leistungen aufgefaßt werden; ein Bezug zwischen einzelnen Steuern und bestimmten Leistungen kann dann jedoch nicht hergestellt werden.

Informationsbeschaffung höher sind als die Nutzenzuwächse, die sich aus den erreichbaren Änderungen in der individuellen Steuerlast ergeben können. Im allgemeinen kann der Einzelne durch sein Abstimmungsverhalten bei Wahlen seine Steuerlast und damit seine Nettoposition aus gezahlten Steuern und empfangenen Leistungen kaum beeinflussen. Dementsprechend gering wird er den Nutzenzuwachs einer Wahlentscheidung bei besserer Information einschätzen. Dem stehen die Kosten gegenüber, die anfallen, wenn er sich über seine persönliche Steuerbelastung informieren will.

Dabei kann vermutet werden, daß bei einzelnen Steuerarten die Illusion unterschiedlich ausgeprägt ist. Häufig ist die Vermutung geäußert worden, daß Steuerillusion bei indirekten Steuern höher sei als bei direkten Steuern, weil die Steuer im Preis enthalten ist. Dem kann allerdings entgegengehalten werden, daß bei einer ganzen Reihe von Konsumgütern der Steueranteil im Preis auch absolut bekannt ist. Vor allem bei Gütern mit hohem Anteil und vergleichsweise preisunelastischer Nachfrage wie Alkohol, Zigaretten und Mineralölprodukten ist dies zu vermuten, aber auch stets dann, wenn der Anbieter ein Interesse daran hat, den Käufer über den Steueranteil zu informieren (Mehrwertsteueranteil). Eine andere Frage ist, ob der individuelle Steuerzahler sich auch darüber im klaren ist, wieviel indirekte Steuern er insgesamt zahlt. Dies ist offenbar häufig nicht der Fall. So haben empirische Untersuchungen für die USA und die Bundesrepublik Hinweise auf Steuerillusion bei indirekten Steuern erbracht [vgl. Ferber, 1954; Schmölders, 1959]. Dabei stellte sich heraus, daß die tatsächliche Steuerlast sowohl unter- wie auch überschätzt wurde.

Bei direkten Steuern, wie beispielsweise der Einkommensteuer in der Bundesrepublik, wird Steuerillusion dadurch gefördert, daß bei den zur Lohnsteuer Veranlagten die Steuer direkt abgeführt und nicht im nachhinein entrichtet wird. Auch bei direkten Steuern konnte für die USA und die Bundesrepublik Steuerillusion in teilweise erheblichem Umfang nachgewiesen werden; offenbar schätzt die Mehrheit der Steuerzahler ihre Belastung falsch, d.h. zu hoch oder zu niedrig ein [vgl. Schmölders, 1959; Wagstaff, 1965].

Auch wenn Steuern überwälzt werden können, fördert das tendenziell die Illusion und macht zudem eine Unterscheidung zwischen direkten und indirekten Steuern weitgehend obsolet: Unternehmen können ihre

Steuern möglicherweise über die Preise abwälzen, ebenso wie Hauseigentümer die von ihnen zunächst zu entrichtende Grundsteuer als Nebenkosten zur Miete. Die Konsumenten, die dann letztlich eine Verbrauchsteuer zahlen, werden wohl in den seltensten Fällen wissen, wie hoch der darin enthaltene Steueranteil ist.

Für das Ausmaß an Steuerillusion kann außerdem von Bedeutung sein, wie weit das Eintreten des Steuerfalls und der Zahltermin auseinanderliegen. So ist im allgemeinen die Fühlbarkeit der Steuern am größten, die in langen Abständen im Block erhoben werden; bei kleinen, periodisch anfallenden Zahlungen ist die Fühlbarkeit hingegen geringer.

Veränderungen der Steuerlast bei bestehenden Steuern können je nach Art und Weise, in der sie auftreten, in unterschiedlichem Ausmaß mit Steuerillusion verbunden sein: So ist zu vermuten, daß diskretionäre Veränderungen bei einzelnen Steuern, wie etwa Veränderungen der Bemessungsgrundlage oder des Steuersatzes weitaus fühlbarer sind als gleichhohe Zusatzbelastungen, die sich automatisch, also etwa aufgrund der Progression des Steuertarifs ergeben. Insbesondere inflationsbedingte Veränderungen in der Besteuerungsgrundlage sind hier von Bedeutung; sie können bei real konstanter Grundlage zu einer steigenden Belastung führen (kalte Progression der Einkommensteuer).

Für das zu erwartende Ausmaß an Steuerillusion spielen darüber hinaus noch zwei weitere Faktoren eine Rolle, nämlich die unterschiedlichen Formen der politischen Willensbildung und die Komplexität des Steuersystems. So sind die Chancen für den Einzelnen, mit seiner Stimme den politischen Willensbildungsprozeß zu beeinflussen, im allgemeinen um so geringer, je mehr politische und administrative Gremien zwischen ihm und der politischen Führung liegen, je "repräsentativer" also die Demokratie ist. Entsprechend gering ist dann auch der zu erwartende Nutzen einer Entscheidung bei besserer Information. Je komplizierter auf der anderen Seite das Steuersystem ist, um so aufwendiger wird es für den Einzelnen, sich über seine Steuerbelastung umfassend zu informieren, entsprechend hoch sind dann seine Informationskosten.

Über die Wirkung von unterschiedlichen Formen politischer Willensbildung wie auch von unterschiedlich komplexen Steuersystemen auf das Ausmaß der Steuerillusion gibt es, vor allem für die USA, eine Reihe von empirischen Untersuchungen. Dabei zeigte sich in vielen Fällen, daß mit dem Ausmaß der Steuerillusion auch die öffentlichen Ausgaben steigen [vgl. z.B. Wagner, 1976; Clotfelder, 1976; Pommerehne, Schneider, 1978; Baker, 1983]. Ein Zusammenhang zwischen der Komplexität des Steuersystems, dem Grad an Steuerillusion und der Höhe der öffentlichen Ausgaben fand sich hingegen nicht immer bestätigt [Munley, Greene, 1978; Feenberg, Rosen, 1987].

Letzteres ist möglicherweise darauf zurückzuführen, daß zusätzliche Einflußfaktoren unberücksichtigt blieben. So hat Carter [1982] gezeigt, daß Steuerillusion permanent sein muß, damit sie sich auf die Ausgaben auswirkt. Hunter und Scott [1987] liefern eine indirekte Erklärung für fehlende Ausgabenwirkungen der Steuerillusion. Sie zeigen, daß zusätzlich zu den Informationskosten und dem zu erwartenden Nutzen noch eine weitere Kostenkategorie zu berücksichtigen ist. Dabei handelt es sich um die Kosten, die dem Einzelnen bei der Artikulation seiner Interessen entstehen (Kontakte mit zuständigen Parlamentariern, Unterschriftensammlungen). Bleiben diese Kosten unberücksichtigt, würde Hunter und Scott zufolge das individuelle Entscheidungskalkül nur unvollständig erfaßt. Weil diese "Artikulationskosten" wiederum von der Form des politischen Willensbildungsprozesses abhängen, kann es sinnvoll sein, diese zusammen mit der Komplexität des Steuersystems zu untersuchen.[1]

Trotz der insgesamt wenig einheitlichen Ergebnisse der empirischen Forschung ist die Hypothese von der Steuerillusion wohl kaum von der Hand zu weisen. Es gibt Hinweise darauf, daß die Bürger über ihre steuerliche Belastung oft nur unzureichend informiert sind. Bei aller intuitiven Plausibilität können über die Wirkung der Steuerillusion auf das individuelle Entscheidungskalkül und die Höhe der öffentlichen Ausgaben allerdings noch nicht einmal der Richtung nach eindeutige Aussagen getroffen werden. Mueller [1987] führt das u.a. darauf zurück, daß Steuerillusion bislang nicht präzise genug definiert werden konnte. So ist seiner Meinung nach weitgehend ungeklärt, ob die Bürger sich mit der Zeit über ihre tatsächliche Belastung klar werden können oder nicht, und wenn ja, wie lange das dauert.[2] Am ehesten scheinen Aussagen über

---

1 Ein Beispiel für eine solche Vorgehensweise ist die bereits erwähnte Arbeit von Pommerehne und Schneider [1978].

2 Vgl. Mueller [1987, S. 141]: "... it is not clear ... whether fiscal illusion is a kind of short-run myopia on the part of the voters that allows for temporary increases in expenditures, or a kind of permanent astigmatism indefinitely obscuring the true size of government".

die Wirkung der Steuerillusion möglich, wenn diese in Verbindung mit Erklärungsansätzen untersucht wird, in denen zusätzliche Aussagen über das individuelle Entscheidungskalkül gemacht werden können.[1] In diesem Zusammenhang hat unter anderem der Medianwähleransatz Bedeutung erlangt; er wird im folgenden Abschnitt diskutiert.

3. Medianwähleransatz

Die Bürokratietheorie und die These von der Steuerillusion haben - u. a. - eines gemeinsam: Von der jeweils öffentlich bereitgestellten Menge an Gütern und Dienstleistungen wird angenommen, daß sie letzten Endes vornehmlich auf den Einfluß der Anbieterseite (öffentliche Verwaltung, gewählte Politiker) zurückgeht. Die Wähler spielen nur eine untergeordnete Rolle, und die Wirksamkeit demokratischer Willensbildung gilt als stark eingeschränkt.

Demgegenüber ist für den Medianwähleransatz zunächst ganz allgemein charakteristisch, daß die Rolle der Nachfrager von Gütern und Dienstleistungen des öffentlichen Sektors in den Mittelpunkt der Analyse gestellt wird. Wählerpräferenzen geben den Ausschlag über Umfang und Zusammensetzung des öffentlichen Güterangebots, Politiker und Verwaltung werden weitgehend als ausführende Organe aufgefaßt. Wie in der Bürokratietheorie wird auch bei diesem Erklärungsansatz angenommen, daß die Ergebnisse politischer Entscheidungsprozesse auf individuelle Präferenzen zurückgeführt werden können. Im Unterschied zur Bürokratietheorie wird hier aber unterstellt, daß die demokratische Willensbildung in idealer Weise funktioniert und daß sich die Postulate der traditionellen Konsumtheorie auf den öffentlichen Sektor übertragen lassen: Die Wähler sind über die ihnen offenstehenden Entscheidungsalternativen gut informiert, und sie handeln ökonomisch rational. Ihre Präferenzen für bestimmte Güter bzw. Dienstleistungen enthüllen sie in Abstimmungen, und für die Bereitstellung der Güter zahlen sie mit ihren Steuern.

Politische Unternehmer stehen im Wettbewerb um Wählerstimmen. Sie offerieren Wahlprogramme, mit denen sie versuchen, den Wählerpräferen-

---

[1] Vgl. z. B. die Untersuchungen von Pommerehne und Schneider [1978] und von Carter [1982].

zen möglichst genau und umfassend Rechnung zu tragen. Der Politiker, dem dies am besten gelingt, erhält die meisten Stimmen und damit die Möglichkeit, sein Programm umzusetzen. Dabei muß er jedoch andauernd gewärtig sein, daß in erneuten Abstimmungen konkurrierende Politiker ihn mit anderen Programmen überflügeln können.

Unter diesen Bedingungen stellt sich, analog zu einem Gleichgewicht auf privaten Märkten, auch für Nachfrage und Angebot bei öffentlichen Gütern ein politisches Gleichgewicht ein. Von ausschlaggebender Bedeutung ist in diesem Zusammenhang der Medianwähler, d.h. derjenige Wähler, der mit seiner Stimme eine Abstimmungsminderheit gerade in eine Mehrheit verwandelt. Unter bestimmten Bedingungen kann die kollektive Nachfrage nach einem öffentlich bereitgestellten Gut allein auf seine Präferenzen zurückgeführt werden. [1]

Damit dies möglich ist, muß gewährleistet sein, daß

- der Marktzutritt für lokale Politiker in finanzieller wie institutioneller Hinsicht so gut wie unbeschränkt ist,
- es Wettbewerb unter den Kandidaten für lokale politische Ämter gibt,
- die Wähler über die zur Abstimmung anstehenden Budgetentscheidungen voll informiert sind,
- die Kosten des Wählens vernachlässigbar sind,
- aus bürgerlichem Gemeinsinn oder wegen sozialen Zwangs alle Bürger zur Wahl gehen sowie
- nach der einfachen Mehrheitsregel abgestimmt wird und
- politische Kandidaten sich den Präferenzen der Wähler durch schrittweise Anpassung ihrer Wahlprogramme anzunähern suchen [vgl. Inman, 1979, S. 278 f.].

Sind diese Bedingungen erfüllt, gewinnt der Kandidat mit dem Budgetvorschlag bzw. Wahlprogramm, welcher den Präferenzen des Medianwählers am nächsten kommt. Denn unabhängig davon, von welchem Anfangsvorschlag man ausgeht, wird der Anpassungsprozeß der vorgeschlagenen Alternativen zum Budget immer in Richtung auf die Medianposition verlaufen: Wird ein Budget vorgeschlagen, das unterhalb der Medianpo-

---

1 Diese Überlegungen zur Rolle eines ausschlaggebenden Wählers gehen zurück auf Hotelling [1929]. Sie wurden später von Bowen [1943], Downs [1957] und Black [1958] fortentwickelt. Für eine ausführliche Darstellung des Medianwähleransatzes vgl. z.B. Inman [1979, S. 278-283], Mueller [1979, S. 98-102] und Pommerehne [1987, S. 95-117].

sition, d.h. unterhalb des vom Medianwähler präferierten Budgets liegt, werden stets mehr als 50 vH der Wähler für ein größeres Budget stimmen. Umgekehrt werden sich bei einem Budgetvorschlag, der über der Medianposition liegt, stets mehr als 50 vH der Wähler für ein niedrigeres Budget aussprechen.[1] Herrscht Wettbewerb unter den politischen Kandidaten, wird ein Abweichen von der Medianposition mit Stimmenverlusten bezahlt; Gewinner ist der Kandidat, der der Medianposition am nächsten kommt, im politischen Gleichgewicht ist diese Position genau erreicht.

Die Existenz eines solchen Gleichgewichtszustands einmal unterstellt, kann aus dem Medianwähleransatz ein Modell abgeleitet werden, in dem sich die Erfassung politischer Abstimmungsprozesse darauf reduziert, die Eigenschaften des Medianwählers zu identifizieren. Auf dieser Grundlage lassen sich Hypothesen über die Faktoren formulieren, welche die Nachfrage nach öffentlichen Leistungen beeinflussen.

Der Medianwähleransatz gilt allgemein als ein Standardansatz in der ökonomischen Theorie der Demokratie. Die große Verbreitung, die er in der empirischen Forschung gefunden hat, verdankt er vor allem seiner universellen Anwendbarkeit. Zwar wurde er ursprünglich für eine Situation konzipiert, in der in einer direkten Demokratie darüber abgestimmt wird, welche Mengen eines bestimmten öffentlichen Gutes bereitgestellt werden sollen. Das Modell kann aber auch auf andere Formen politischer Willensbildung übertragen werden: Während in der direkten Demokratie die Wähler die Menge des öffentlichen Gutes selbst festlegen, tragen in der repräsentativen Demokratie (zwei) miteinander konkurrierende Parteien mit ihren jeweiligen Wahlprogrammen den Wünschen des Medianwählers Rechnung.[2] Darüber hinaus ist der Medianwähleransatz auf öffentlich bereitgestellte Güter im weitesten Sinn anwendbar; so hat er beispielsweise bei Untersuchungen über die Festlegung von Umweltschutz-

---

1 Vgl. im einzelnen Pommerehne [1987, S. 96 f.].

2 Vgl. dazu Mueller [1979, S. 98-105]. Dies ist nicht zu verwechseln mit dem Konzept der sogenannten "dominanten Partei" zur Erklärung öffentlicher Ausgaben im Zeitablauf. Dort entscheiden nicht die Präferenzen der Wähler, sondern die von lokalen Parteifunktionären über die Höhe der Ausgaben. Zu den Annahmen dieses Ansatzes und den wenigen empirischen Arbeiten vgl. im einzelnen Inman [1979, S. 283 f.], Bahl et al. [1980, S. 75] sowie Renaud und van Winden [1986, S. 3].

standards und von Mindestlöhnen sowie zur Erklärung des Umfangs staatlicher Umverteilungsmaßnahmen Verwendung gefunden. [1]

Bei aller inneren Geschlossenheit ist der Medianwähleransatz jedoch auch zum Teil massiver Kritik unterworfen. Diese setzt an mehreren Ebenen an, wie den zum Teil sehr restriktiven Annahmen und der einseitigen Betonung der Wählerpräferenzen bei Vernachlässigung der übrigen an den Ausgabenentscheidungen Beteiligten. Auch wurde die Vorstellung eines politischen Wettbewerbsgleichgewichts grundsätzlich in Zweifel gezogen.

So wird sich der Median der individuell präferierten Entscheidungsalternativen nur dann durchsetzen, wenn die individuellen Präferenzordnungen über die verschiedenen zur Entscheidung anstehenden Alternativen eingipflig sind, d.h., wenn jedes Individuum eine einzige Lösung allen anderen klar vorzieht und seine Präferenzen für entferntere Lösungen immer geringer werden [vgl. Deacon, 1981, S. 519; Mueller, 1979, S. 41]. Diese Annahme ist beispielsweise schon dann nicht mehr erfüllt, wenn ein Individuum gegenüber zwei zur Entscheidung anstehenden Alternativen indifferent ist.

Eine weitere Bedingung, die erfüllt sein muß, damit sich in Abstimmungen die Medianposition durchsetzt, betrifft die Natur der Abstimmungsvorlage. Sie muß eindimensional in dem Sinne sein, daß es eine Entscheidung nur über ein "Mehr" oder "Weniger" einer bestimmten öffentlichen Aktivität zu fällen gilt. Das kann ein öffentliches Gut sein oder auch der Umfang an staatlichen Umverteilungsmaßnahmen. Im strengen Sinn ist diese Bedingung wohl nur in den seltensten Fällen erfüllt. Häufig kommen vielmehr mehrdimensionale Vorlagen zur Abstimmung, vor allem wenn über die Wahlprogramme politischer Kandidaten abgestimmt wird. In solchen Fällen kann die Position des Mediannachfragers nicht mehr eindeutig identifiziert werden, weil für jede Dimension ein anderes

---

[1] Zu dem letztgenannten Aspekt vgl. z.B. Meltzer und Richard [1978; 1981; 1983]. Sie haben mit Hilfe des Medianwähleransatzes gezeigt, daß die Entwicklung der Transferausgaben in den USA seit Ende des zweiten Weltkriegs auf die faktische Ausweitung des Stimmrechts (höhere Wahlbeteiligung) sowie die Ungleichheit der Einkommensverteilung zurückgeführt werden kann. Sie kommen zu dem Schluß, daß bei wachsender Angleichung der Einkommen das Ausmaß der Umverteilung abnehmen müßte (vgl. aber Peltzman [1980], der zu einem genau entgegengesetzten Ergebnis gekommen ist).

Bündel von Charakteristika des Wählers maßgeblich ist [vgl. Pommerehne, 1987, S. 115]; wie McKelvey [1976] gezeigt hat, kommt es dann zu instabilen Abstimmungsergebnissen. Demgegenüber hat jedoch Holcombe [1985] darauf hingewiesen, daß letzten Endes auch so multidimensionale Vorlagen wie die Wahl zwischen Präsidentschaftskandidaten auf eine eindimensionale Entscheidung zurückgeführt werden können. Dies sei etwa dann der Fall, wenn - wie bereits ursprünglich bei Hotelling - die Kandidaten in ein politisches Links-Rechts-Spektrum eingeordnet werden können. Für Holcombe ist Multidimensionalität daher nur dann gegeben, wenn die Möglichkeit von Absprachen und von Stimmentausch unter den Wählern besteht [ibid., S. 66]. Damit wird allerdings vorausgesetzt, daß ideologische Kriterien Vorrang vor Sachkriterien haben.

Eine weitere Einschränkung ergibt sich für den Medianwähleransatz aus der Annahme einer hundertprozentigen Beteiligung an Abstimmungen. Nicht nur ist diese Bedingung in der Realität selten erfüllt (eine Ausnahme bilden wohl nur Abstimmungen mit Wahlzwang), auch paßt diese Annahme nicht in das Bild des rational handelnden Wählers: Häufig steht der mit dem Wahlvorgang verbundene Aufwand an Zeit und Informationskosten in keinem Verhältnis zur Bedeutung einer einzelnen Stimme bei Wahlen; die Chance, damit den Wahlausgang zu beeinflussen, ist eigentlich nur für die politisch indifferente Mitte der Wählerschaft gegeben, am höchsten ist sie für den Medianwähler. Für den überwiegenden Teil der Wähler ist sie hingegen sehr gering, so daß eine hohe Wahlbeteiligung letztlich nur mit außerökonomischen Motiven, wie etwa staatsbürgerlicher Gesinnung erklärt werden kann.[1]

Zumeist ist bei der Identifikation des Medianwählers in empirischen Untersuchungen einfach angenommen worden, daß der Medianwähler der Wähler mit dem Medianeinkommen und der Mediansteuerbelastung ist. Explizit getestet wurden diese Annahmen nur selten. So konnte Inman [1978] zwar zeigen, daß die Mediannachfragemenge die Menge ist, die der Wähler mit dem Medianeinkommen wünscht. Romer und Rosenthal [1979, S. 153] haben jedoch nachgewiesen, daß Inmans Schlußfolgerungen in empirischen Querschnittsanalysen nur dann Gültigkeit haben, wenn über die Verteilung der Einkommen in den einzelnen Gebietskörper-

1 Grundsätzlich dazu bereits Downs [1957]; vgl. auch Deacon [1981], der zwei Beispiele für ökonomische Modelle der Wahlbeteiligung gibt.

schaften Annahmen getroffen werden, die eine Unterscheidung zwischen Median- und Durchschnittswerten der Einkommen nicht mehr erlauben [vgl. auch Mueller, 1979, S. 108].

Darüber hinaus stellt sich bei der Verwendung des Medianwähleransatzes die grundsätzliche Frage, ob in Analogie zur Situation auf privaten Märkten die Vorstellung eines politischen Wettbewerbs aufrecht erhalten werden kann. Tatsächlich ist dies empirisch kaum je überprüft worden, sondern wurde in den meisten Fällen axiomatisch vorausgesetzt [vgl. Deacon, 1981, S. 517]. Zwar stützen neuere Untersuchungen die Vermutung, daß die Bedingungen für die individuelle Nutzenmaximierung im öffentlichen Sektor im allgemeinen als erfüllt angesehen werden können, insgesamt sind die Ergebnisse entsprechender Tests jedoch keineswegs einheitlich.[1] So ist bislang das wohl gewichtigste Rechtfertigungsargument, daß eine große Zahl von empirischen Arbeiten Ergebnisse geliefert hat, die mit der Nutzenmaximierungshypothese konsistent sind.[2] Dabei sind jedoch die jeweiligen politisch-institutionellen Rahmenbedingungen für Angebot und Nachfrage bei öffentlichen Leistungen ebenso zu beachten wie die Einbindung der Gebietskörperschaften in den öffentlichen Aufgaben- und Finanzierungsverbund. Von daher können diese Ergebnisse nicht unbesehen verallgemeinert werden.[3]

Über die speziell bei dem Medianwähleransatz unterstellte, ausschlaggebende Position eines Individuums (des Medianwählers) bei Ausgabenentscheidungen ist damit allerdings noch nichts ausgesagt. So haben etwa Romer und Rosenthal [1979] darauf hingewiesen, daß beobachtete Zusammenhänge zwischen dem Einkommen und dem Steuerlastanteil des Medianwählers und den Ausgaben nicht unbedingt den Schluß zulassen,

- daß tatsächlich Ausgaben realisiert werden, die den Präferenzen des Medianwählers entsprechen und nicht einem Bruchteil oder einem Vielfachen davon ("multiple fallacy"), sowie

---

1 Vgl. z.B. Tridimas [1985] für Griechenland und de Boer [1986] sowie Grosskopf und Hayes [1983] für amerikanische Gemeinden.

2 Vgl. z.B. die Übersichten bei Inman [1979], Bahl et al. [1980] und Pommerehne [1987].

3 Zur Relevanz der Nutzenmaximierungshypothese für empirische Untersuchungen der Gemeindeausgaben in westeuropäischen Ländern sowie zur Übertragbarkeit auf die Situation in der Bundesrepublik vgl. Abschnitt C. III.

- daß die Ergebnisse für einen anderen repräsentativen Wähler, also beispielsweise den mit dem 25. Perzentil oder den mit den Durchschnittseigenschaften, nicht aussagekräftiger im Hinblick auf die öffentlichen Ausgaben sein können als die für den Medianwähler ("fractile fallacy") [vgl. Romer, Rosenthal, 1979, S. 144].

Ein weiterer Einwand gegen den Medianwähleransatz, der sinngemäß auch auf die Bürokratietheorie zutrifft, bezieht sich auf die Annahme, daß alle übrigen an Ausgabenentscheidungen mitwirkenden Gruppen - außer dem Medianwähler selbst - sich entweder weitgehend passiv verhalten (Bürokraten) oder lediglich reagieren (Politiker). Angesichts der Schlußfolgerungen, die aus der Betrachtung von Bürokratietheorie und Steuerillusion zu ziehen sind, erscheint dies als eine stark verengte Betrachtungsweise. Es gibt allerdings einige Versuche, zusätzliche Elemente des Entscheidungsprozesses in den Medianwähleransatz aufzunehmen. So haben etwa Romer und Rosenthal [1978] untersucht, wie sich die Möglichkeit der Politiker und der Verwaltung, Inhalt und Reihenfolge der zur Abstimmung gelangenden Vorlagen zu beeinflussen, auf die Abstimmungsergebnisse auswirkt ("agenda control"). Sie konnten zeigen, daß es dadurch zu Abweichungen von dem Niveau öffentlicher Aktivitäten kommen kann, das der Medianwähler wünscht.[1] Bush und Denzau [1977] sowie Borcherding et al. [1977] haben die Rolle der Angehörigen der öffentlichen Verwaltung nicht als Anbieter, sondern als Nachfrager öffentlicher Leistungen untersucht. Sie konnten zeigen, daß sich deren Präferenzen für höhere Ausgaben, in Verbindung mit einer im allgemeinen höheren Wahlbeteiligung, tendenziell ausgabensteigernd auswirken.[2]

IV. Anwendbarkeit auf Gemeindeausgaben

Welche der hier diskutierten Erklärungsanssätze erscheinen geeignet, die Ausgaben von Gemeinden zu erklären? Von vornherein ausscheiden kann sicherlich die Buchanan-Wagner-Hypothese über den Einfluß der keynesianischen Wirtschaftspolitik auf die öffentlichen Ausgaben.

---

[1] Vgl. aber die Kritik von Holcombe [1985, S. 49].

[2] Diese Zusammenhänge wurden ausführlicher bereits im Rahmen der Bürokratietheorie diskutiert (vgl. Abschnitt B. III. 1).

Dort wird auf gesamtwirtschaftliche Zusammenhänge und konjunkturpolitisch motivierte Maßnahmen abgestellt, die kaum einen Bezug zur Gemeindeebene aufweisen. Auch das Popitzsche Gesetz und die Peacock-Wiseman-Hypothese, bei denen vermutete Zentralisierungstendenzen im öffentlichen Gesamthaushalt im Mittelpunkt stehen, dürften wenig hilfreich sein. Zwar wird die kommunale Ebene dabei mit einbezogen, in erster Linie geht es aber doch um Veränderungen in Umfang und Zusammensetzung der Ausgaben auf der Zentralebene.

Anders sind dagegen Wagnersches und Brechtsches Gesetz zu beurteilen. Es erscheint zunächst plausibel, daß sich die Höhe der privaten Einkommen in einer Gemeinde, wie auch die Bevölkerungsdichte und der Verstädterungsgrad, auf die Kommunalausgaben auswirken. Auch konnten in empirischen Untersuchungen entsprechende statistische Zusammenhänge festgestellt werden. Dabei ist allerdings unklar geblieben, über welche Wirkungsketten Einkommen, Bevölkerungsdichte und Verstädterungsgrad, wie auch eine Reihe anderer als statistisch relevant erkannter Faktoren, die Ausgaben beeinflussen. So ist beispielsweise noch offen, ob höhere private Einkommen wegen verstärkter Nachfrage nach kommunalen Leistungen oder wegen des zusätzlichen Spielraums auf der Angebotsseite (zusätzliche Steuereinnahmen) zu höheren Ausgaben führen. Ebenso kann, wie bereits Brecht dargelegt hat, eine höhere Bevölkerungsdichte entweder wegen der daraus resultierenden zusätzlichen kommunalen Leistungen ausgabenerhöhend wirken, oder aber - bei unverändertem Leistungsumfang - aufgrund gestiegener Faktorpreise.

Ähnlich wie Wagnersches und Popitzsches Gesetz ist auch Baumols These vom ungleichgewichtigen Produktivitätsfortschritt zwischen dem öffentlichen und dem privaten Sektor zu beurteilen. Die von Baumol postulierten Zusammenhänge können nämlich auch im Sinne einer Preiskomponente für öffentlich bereitgestellte Güter interpretiert werden, die sich aus einer jeweils spezifischen Produktionstechnologie ergibt. Auch hier kann erwartet werden, daß die Ausgaben von Gemeinden davon nicht unbeeinflußt bleiben. Über die Wirkungszusammenhänge im einzelnen können zunächst aber ebenfalls keine Aussagen getroffen werden.

Entsprechendes gilt auch für die These von der Fiskalillusion. So können zwar im Hinblick auf deren personale und regionale Ausprägung, d.h. zwischen Individuen und Gebietskörperschaften sowie zwischen Gebietskörperschaften untereinander, ausgabenwirksame Effekte grundsätzlich erwartet werden. Im ersten Fall (personale Ausprägung) setzt dies jedoch voraus, daß der Einzelne sich mit seinem Kosten-Nutzen-Kalkül auch tatsächlich an einem überwiegend nach dem Äquivalenzprinzip gestalteten Steuer- und Abgabensystem orientieren kann. Selbst wenn dies zutrifft, stellt sich darüber hinaus die Frage, inwieweit sich im Querschnittsvergleich Unterschiede zwischen Gebietskörperschaften bemerkbar machen werden. Denn einige der Faktoren, welche die Steuerillusion tendenziell fördern, wie etwa das unterschiedliche Maß an Steuerillusion bei einzelnen Steuerarten sowie die Komplexität des Steuersystems insgesamt, wirken in allen Gemeinden mehr oder weniger gleich. Das gilt entsprechend auch für die Faktoren, welche Fiskalillusion zwischen Gebietskörperschaften begünstigen, denn insgesamt sind die Regelungen im kommunalen Finanzausgleich vergleichsweise einheitlich.

Festgehalten werden kann: Aus den Ansätzen von Brecht, Wagner und Baumol sowie der These von der Fiskalillusion haben sich Hinweise auf einzelne Faktoren ergeben, von denen angenommen werden kann, daß sie auf die Ausgaben in einzelnen Gemeinden wirken. Jedoch handelt es sich dabei - notwendigerweise - gewissermaßen nur um Mosaiksteine, die ein umfassendes Bild von den Wirkungszusammenhängen bei kommunalen Ausgabenentscheidungen nicht ergeben können.

Als in sich vergleichsweise geschlossene Konzepte scheinen die Bürokratietheorie und der Medianwähleransatz dazu eher geeignet. Beiden liegen modellhafte Vorstellungen über den Entscheidungsprozess bei kommunalen Ausgaben zugrunde. Gemeinsam ist ihnen auch, daß das Prinzip der individuellen Nutzenmaximierung auf den öffentlichen Sektor übertragen wird. In dem Bürokratie-Ansatz wird dabei ein repräsentativer Angehöriger der öffentlichen Verwaltung in den Mittelpunkt gestellt, im Medianwähleransatz ein repräsentativer Wähler. Entsprechend liegt das Schwergewicht der Analyse im ersten Fall auf der Angebots- und im zweiten Fall auf der Nachfrageseite. In beiden Ansätzen bleibt die Analyse von Ausgabenentscheidungen allerdings im wesentlichen auf die Situation in jeweils einer Gemeinde beschränkt. Wechselwirkungen zwischen Gemeinden untereinander, wie auch zwischen Gemeinden und übergeordneten Gebietskörperschaften, werden explizit weder in der Bürokratietheorie noch im Medianwähleransatz berücksichtigt.

Von ausschlaggebender Bedeutung für die Eignung des einen wie des anderen Ansatzes dürften im konkreten Fall daher die jeweiligen politisch-institutionellen Rahmenbedingungen für Angebot und Nachfrage bei öffentlichen Leistungen, wie auch die Einbindung der Gemeinden in den öffentlichen Aufgaben- und Finanzierungsverbund sein. Hier sind vor allem zwei Gesichtspunkte von Bedeutung: Zum einen stellt sich - wie schon im Zusammenhang mit der Fiskalillusion - die Frage, inwieweit die der Nutzenmaximierungsannahme zugrundeliegende Vorstellung gerechtfertigt werden kann, daß Steuern letztlich als Preise für öffentliche Leistungen aufzufassen sind. Zum anderen ist zu prüfen, inwieweit der Aufgaben- und Finanzierungsverbund der öffentlichen Gebietskörperschaften auf das Nutzenkalkül der Entscheidungsträger einwirkt.

Welche Konsequenzen aus diesen Überlegungen für die empirische Untersuchung von Gemeindeausgaben allgemein sowie speziell für die Gemeinden in der Bundesrepublik zu ziehen sind, wird im folgenden Kapitel behandelt. Angesichts der in den beiden vorangegangenen Abschnitten diskutierten Vorzüge und Schwächen von Medianwähler- bzw. Bürokratieansatz kann a priori eine Entscheidung darüber, welcher der beiden Ansätze für die Analyse der Gemeindeausgaben eher geeignet wäre, nicht getroffen werden. Wenn die weitere Analyse, und insbesondere die eigene empirische Untersuchung, sich im folgenden auf die Nachfrageseite konzentriert, so ist damit ein Vor-Urteil über den relativen Erklärungsgehalt von Bürokratie- bzw. Medianwähleransatz nicht verbunden.

C. Modelle für die Nachfrage nach kommunalen Leistungen

Ziel dieses Kapitels ist es, Anhaltspunkte darüber zu gewinnen, ob Modelle, die auf der Grundlage des nachfrageorientierten Ansatzes entwickelt worden sind, auch für die Bundesrepublik geeignet sein können, die Ausgaben von Gemeinden zu erklären. Im Hinblick auf den Einfluß unterschiedlicher politisch-institutioneller Rahmenbedingungen können bei diesen Modellen zwei Gruppen unterschieden werden: zum einen die hier so bezeichneten allgemeinen Nachfragemodelle, zum anderen die Medianwählermodelle, die innerhalb der allgemeinen Nachfragemodelle einen Spezialfall darstellen.

Um herauszuarbeiten, worin sich beide Gruppen unterscheiden und was im Einzelfall für bzw. gegen ihre Verwendung sprechen mag, wird im folgenden Abschnitt zunächst die Grundstruktur eines Modellzusammenhangs entwickelt, der als ein idealtypischer Rahmen für die Analyse der Nachfrage nach kommunalen Gütern und Dienstleistungen gelten kann. Daran anschließend wird diskutiert, welche Bedingungen speziell bei der Verwendung von Medianwählermodellen erfüllt sein müssen. Im dritten Abschnitt wird gezeigt, wie in ausgewählten westeuropäischen Ländern mit Hilfe solcher Modelle die Gemeindeausgaben untersucht worden sind und welche Ergebnisse man dabei erzielt hat. Ob angesichts dessen die Verwendung eines Nachfragemodells auch für die Gemeinden in der Bundesrepublik gerechtfertigt werden kann, wird abschließend diskutiert.

I. Allgemeine Nachfragemodelle

Wird angenommen, daß sich Umfang und Zusammensetzung kommunaler Leistungen grundsätzlich nach den Wünschen der Einwohner richten, können Ausgabenentscheidungen von Gemeinden mit Hilfe der traditionellen Nachfrageanalyse für private Märkte modellhaft dargestellt werden. Dabei wird der politische Entscheidungsprozess, der zu Ausgaben führt, als Maximieren einer Nutzenfunktion unter Nebenbedingungen interpretiert, aus der sich Nachfragefunktionen für kommunale Leistungen ableiten lassen. Die Grundstruktur eines solchen Modellzusammenhangs wird im folgenden dargestellt [vgl. dazu auch Inman, 1979, S. 274-278].

Als nutzenstiftend gelten die von der Gemeinde bereitgestellten Güter und Dienstleistungen sowie die verfügbaren Nettoeinkommen. Wird vereinfachend ein einziges Gut unterstellt, kann eine Funktion

[1] $P(\bar{G},Y)$

angenommen werden, welche die individuellen Nutzen aus diesem Gut ($\bar{G}$) in der laufenden (Untersuchungs-)Periode und private Nettoeinkommen (Y) als Argumente enthält. Öffentliche Investitionen, die erst in der Zukunft zu einem Güterangebot führen, und öffentliche Verschuldung, d.h. die Belastung zukünftiger privater Einkommen, bleiben somit unberücksichtigt.

Von der Funktion (P) wird angenommen, daß sie die Nutzen eines repräsentativen Einwohners wiedergibt; wer das ist, bleibt zunächst aber offen. Der Einfachheit halber wird unterstellt, daß es einen solchen repräsentativen Einwohner gibt, daß also im Hinblick auf die kommunalen Ausgaben ein Entscheidungsträger existiert. Dies kann auch so interpretiert werden: Es wird angenommen, daß politische Entscheidungen - im großen und ganzen - die Interessen der Bürger widerspiegeln d.h., daß die lokale Demokratie im Prinzip funktioniert.

Maximiert werden die individuellen Nutzen unter der Nebenbedingung der individuellen Budgetbeschränkung. Diese wird abgeleitet aus einer Budgetbeschränkung der Gemeinde, nach der die Einnahmen aus Steuern und Finanzzuweisungen und die Ausgaben ausgeglichen sein müssen. Ausgaben fallen bei der Produktion bzw. Bereitstellung des Gutes (X) für die Inputfaktoren Arbeit (L) und Material (M) gemäß der Produktionsfunktion

[2] $X = f(L,M)$

an. Weil von Investitionen und von Verschuldung abgesehen wird, ist dies gleichbedeutend mit einem Strom öffentlicher Leistungen (G), von dem angenommen wird, daß er pro Kopf für alle Einwohner (N) gleich ist:

[3] $G = g(X,N)$.

Werden mit w und s die exogen vorgegebenen Faktorpreise für Arbeit und Material bezeichnet, und mit c ein Preisindex für das kommunale Gut, hat die zu der Produktionsfunktion gehörende Kostenfunktion die Form

[4] $$C = c(w,s) \cdot X(L,M).$$

Von dem Preisindex c wird angenommen, daß er von der Outputmenge unabhängig ist. Implizit werden damit linear-homogene Produktionsbeziehungen vom Typ Cobb-Douglas mit konstanten Skalenerträgen unterstellt. Für die Durchschnittskosten gilt dann

[5] $$c(w,s) = C/X.$$

Die Einnahmen der Gemeinde setzen sich zusammen aus den Gemeindesteuern (T), den allgemeinen Finanzzuweisungen (Z), sowie den zweckgebundenen Zuweisungen mit einem garantierten prozentualen Zuschußanteil (ohne Obergrenze), der sogenannten "matching rate" (m). Die gesamten laufenden Ausgaben der Gemeinde sind gegeben durch das Produkt aus der gesamten Gütermenge und dem Preisindex (c·X).

Aus den Ausgaben und den Einnahmen der Gemeinde, so wie sie hier bestimmt worden sind, kann nun die kommunale Budgetrestriktion abgeleitet werden. Es gilt

[6] $$T + Z + (cmX) = cX$$

bzw.

[7] $$T + Z = c(1 - m)X.$$

Aus der Budgetrestriktion für die Gemeinde ergibt sich dann die Budgetrestriktion für das Individuum, dessen Präferenzen für die Nachfrage nach kommunalen Gütern als ausschlaggebend angesehen werden. Dazu muß vereinfachend angenommen werden, daß die Gesamtmenge des von der Gemeinde bereitgestellten Gutes (X) sich gleichmäßig auf alle Einwohner verteilt; dann gilt

[8] $$G = X/N.$$

Außerdem wird für jeden Einwohner das Nettoeinkommen in der Untersuchungsperiode definiert als

$$[9] \qquad Y = I - tb.$$

Dabei bezeichnet

I das Bruttoeinkommen in der Periode,

t den individuellen Steuersatz sowie

b die individuelle Steuerbemessungsgrundlage, wie beispielsweise den Wert des privaten Grundbesitzes.

Der Zusammenhang zwischen der Budgetrestriktion der Gemeinde und der individuellen Budgetristriktion kann nun über die Steuerkraft der Gemeinde pro Einwohner hergestellt werden. Wird diese mit (B) bezeichnet, was dann etwa für den durchschnittlichen Wert des privaten Grundbesitzes pro Einwohner stehen könnte, gilt für den durchschnittlichen Steuersatz t = T/BN. Dies kann in Gleichung [9], den Ausdruck für das Nettoeinkommen, eingesetzt werden. Wird nach (T) aufgelöst, ergibt sich das Steueraufkommen in der Gemeinde als

$$[10] \qquad T = \frac{(I - Y)BN}{b} .$$

Wird dies in Gleichung [7], die kommunale Budgetrestriktion, eingesetzt und dabei der in Gleichung [8] definierte Zusammenhang zwischen der insgesamt bereitgestellten und der individuell konsumierten Menge des Gutes berücksichtigt, folgt

$$[11] \qquad \frac{(I - Y)BN}{b} + Z = c(1 - m)GN .$$

Durch Umformen ergibt sich die individuelle Budgetrestriktion als

$$[12] \qquad I - Y + \frac{Z}{N}\cdot\frac{b}{B} = \frac{b}{B}c(1 - m)G .$$

Darin bezeichnet z = Z/N die Finanzzuweisungen an die Gemeinde pro Einwohner. Der Quotient τ = b/B wird als der individuelle Steuerlastanteil bezeichnet, d.h. der Anteil, den der betreffende Einwohner am gesamten Steueraufkommen trägt. Dann gilt

$$[13] \qquad I + \tau z = \tau c(1 - m)G + Y .$$

Damit stellt sich die individuelle Budgetrestriktion des repräsentativen Einwohners wie folgt dar: Die Summe aus dem Bruttoeinkommen (I) und dem um die Pro-Kopf-Zuweisungen (z) bereinigten individuellen Steuerlastanteil (τ) wird verwendet, um privaten Konsum (Nettoeinkommen Y) sowie den individuell nutzbaren Teil des kommunalen Gutes (G) zu finanzieren. Die individuellen Nutzungskosten für das kommunale Gut sind dabei durch den Preisindex des Gutes (c), den individuellen Steuerlastanteil (τ) sowie den prozentualen Zuschußanteil in Form von Finanzzuweisungen (m) bestimmt.

Damit sind eine individuelle Nutzenfunktion (Gleichung [1]) und die dazugehörige individuelle Budgetrestriktion (Gleichung [13]) spezifiziert. Der politische Entscheidungsprozeß über die Bereitstellung des Gutes wird interpretiert als Maximieren von [1] unter der Nebenbedingung [13]. Daraus kann eine Nachfragefunktion abgeleitet werden, die einen Netto-Steuerpreis $p= \tau c(1 - m)$ des Gutes und eine Einkommensvariable, die Einkommens-Zuweisungs-Restriktion $y = \tau z + I$, als Argumente enthält:

[14] $$G = f(p,y) \ .$$

Damit ist eine vergleichsweise einfacher Rahmen gegeben, mit dem sich die Nachfrage eines repräsentativen Einwohners nach einem kommunalen Gut - hier als ausschlaggebend für Ausgabenentscheidungen von Gemeinden verstanden - analysieren läßt. Es können Hypothesen darüber getestet werden, wie Veränderungen bei einzelnen Einflußfaktoren auf die Nachfrage nach dem Gut und damit auf die Ausgaben wirken.

Die Preisvariable (p) wird dabei nicht nur von den Produktionskosten des Gutes beeinflußt, sondern auch von der Ausgestaltung der Gemeindesteuer und des kommunalen Finanzausgleichs: Veränderungen bei der Steuerkraft der Gemeinde (BN), etwa durch Wertsteigerungen des privaten Grundbesitzes oder eine Neufestlegung der individuellen Steuerbemessungsgrundlage (b), drücken sich im individuellen Steuerlastanteil (τ) aus. Ebenso wie eine Modifikation der Vergabekriterien für zweckgebundene Zuweisungen, erkennbar an Änderungen von (m), wirkt sich dies auf die Preisvariable (p) aus. Entsprechend wirken Änderungen bei den Vergabebedingungen für die allgemeinen Zuweisungen (Z) sowie bei den privaten Bruttoeinkommen (I), etwa wegen wirtschaftspolitischer Einflüsse, exogen auf die Einkommens-Zuweisungsrestriktion ($\tau z + I$). Beide, Preis- und Einkommensänderungen, beeinflussen die individuelle Nachfrage nach dem kommunalen Gut. Diese individuelle Nachfrage ist gleichzeitig ausschlaggebend für die insgesamt nachgefragte Menge ($X = GN$; vgl. Gleichung [8]) und damit auch für die Ausgaben der Gemeinde.

Als erste haben Barr und Davis [1966], Gramlich [1968; 1969] und Henderson [1968] die traditionelle Konsumtheorie in dieser Weise auf Gemeinden und Bundesstaaten in den USA angewandt. Mit ihren Arbeiten schufen sie die Grundlage für zahlreiche empirische Untersuchungen über die Bestimmungsgründe von Gemeindeausgaben. Dabei fanden sich die theoretisch erwarteten Zusammenhänge in der Mehrzahl der Fälle bestätigt. So konnte gezeigt werden, daß die Ausgaben von lokalen bzw. regionalen Gebietskörperschaften mit den privaten Einkommen der Einwohner und den Finanzzuweisungen positiv, mit dem Bereitstellungspreis und dem Steuerlastanteil negativ korreliert waren [vgl. z.B. Slack, 1980; Cuthbertson et al., 1981; Bennett, 1982].

Um die geschätzten Koeffizienten als Elastizitäten interpretieren zu können, wird in der Mehrzahl dieser Arbeiten eine log-lineare Schätzfunktion verwendet:[1]

[15] $$\ln A = \beta_o + \beta_1 \ln t + \beta_2 \ln y.$$

Dabei bezeichnen A die Ausgaben in einer Gemeinde, β_o eine Konstante, t den für den repräsentativen Einwohner maßgeblichen Steuerpreis, y sein Einkommen, sowie β_1 und β_2 die entsprechenden Nachfrageelastizitäten. Von dem repräsentativen Einwohner wird angenommen, daß er derjenige mit dem durchschnittlichen Einkommen und dem durchschnittlichen Steuerlastanteil ist. Darüber hinaus werden als zusätzliche Variablen häufig Merkmale wie etwa der Anteil der Rentner oder der Hauseigentümer in die Schätzgleichung aufgenommen. Damit soll Unterschieden in den Präferenzen des repräsentativen Einwohners Rechnung getragen werden, die sonst zu Verzerrungen bei der Schätzung führen

---

1 Implizit wird damit eine homothetische Nutzenfunktion unterstellt; nur dann ist gewährleistet, daß die Einkommenselastizität der Nachfrage positiv und die Preiselastizität negativ ist. [vgl. Phlips, 1983, S. 86 f.].

können. Eine stringente Verbindung zu dem jeweiligen Modell weisen diese Merkmale in der Regel jedoch nicht auf. Eine solche Verbindung kann aber hergestellt werden, indem die jeweiligen Einwohnergruppen für sich untersucht werden. Bergstrom und Goodman [1973, S. 286] haben die Bedingungen genannt, die dazu erfüllt sein müssen. Die Gruppen sind dann so abzugrenzen, daß sie im Hinblick auf die Ausprägung des jeweiligen Strukturmerkmals möglichst homogen sind. Unter diesen Voraussetzungen kann der Einfluß von Steuerpreis und Einkommen vergleichsweise unverzerrt geprüft werden.

Festzuhalten bleibt dabei, daß in dieser Gruppe von Untersuchungen eine Verbindung zwischen den individuellen Präferenzen eines repräsentativen Einwohners und der Gesamtnachfrage nach kommunalen Leistungen bzw. den Gemeindeausgaben letztlich nur unterstellt, aber nicht folgerichtig hergestellt wird. Solange sich Ausgabenentscheidungen von Gemeinden als Reaktionen auf Änderungen von Preisen und Einkommen abbilden lassen, wie sie auch für die Nachfrage nach Gütern auf privaten Märkten kennzeichnend sind, mag es allerdings gerechtfertigt erscheinen, sie als das Ergebnis von Konsumentenpräferenzen für kommunale Leistungen zu interpretieren: "... after all, fiscal decisions do get made and to the extent that these decisions are responses to income, price ... changes, consumer choice is an appropriate model, no matter how or why public decisions are actually made" [Bahl et al., 1980, S. 69].

II. Medianwählermodelle

Will man in einem Nachfragemodell die individuellen Präferenzen eines repräsentativen Einwohners mit der Gesamtnachfrage nach kommunalen Leistungen in einer Gemeinde schlüssig miteinander verknüpfen, so ist das - unter Zuhilfenahme zusätzlicher Annahmen - mit dem Medianwähleransatz möglich. Ein solches Modell kann innerhalb der allgemeinen Nachfragemodelle als ein Spezialfall angesehen werden. Die Annahmen, die allgemein bei der Verwendung des Medianwähleransatzes erfüllt sein müssen, wurden bereits diskutiert (vgl. Abschnitt B.III.3). Für ein operationales Modell ist vor allem die Annahme von Bedeutung, daß der

Medianwähler als der Einwohner mit dem Medianeinkommen angesehen werden kann.

Bergstrom und Goodmann [1973] haben gezeigt, unter welchen Bedingungen die Präferenzen des Einwohners mit dem Medianeinkommen als maßgeblich für kommunale Ausgabenentscheidungen angesehen werden können. Das ist dann der Fall, wenn die Medianposition innerhalb der Verteilung von Ausgabenwünschen dem Ausgabenniveau entspricht, welches der Einwohner mit dem Medianeinkommen wünscht. Damit dies gewährleistet ist, müssen folgende Bedingungen erfüllt sein [ibid., S. 285 ff.]:

(1) Die Einkommensverteilungen in den untersuchten Gemeinden unterscheiden sich jeweils nur um einen proportionalen Transformationsfaktor.

(2) Der Steuerlastanteil eines jeden Einwohners (τ) wird nur durch sein Einkommen (I) bestimmt und kann als eine Funktion mit konstanter Elastizität beschrieben werden ($\tau = aI^{\epsilon}$).

(3) Für alle Einwohner ist die Nachfrage nach kommunalen Gütern und Dienstleistungen (G) bestimmt durch eine log-lineare Funktion des Einkommens und des Steuerlastanteils ($G = AI^{\alpha}\tau^{\beta}$).

(4) Für die Elastizitäten dieser Nachfragefunktion gilt: $\alpha + \beta\epsilon \neq 0$.

(5) Bei Abstimmungen über Gemeindeausgaben wählen alle Einwohner entsprechend ihren tatsächlichen Präferenzen, d.h., strategisches Wahlverhalten ist ausgeschlossen.

Die Bedingungen (1) und (2) erlauben es, für alle untersuchten Gemeinden den Steuerlastanteil als Funktion des Einkommens zu definieren. Bedingung (3) ist die übliche Spezifikation der Nachfragefunktion. Dabei wird angenommen, daß die Preise der privaten Güter konstant sind und ihr Einfluß im Absolutglied berücksichtigt ist. Bedingung (4) stellt sicher, daß die Nachfrage eines jeden Einwohners nach kommunalen Leistungen als eine monotone Funktion seines Einkommens aufgefaßt werden kann. Die Funktion ist monoton steigend für ($\alpha + \beta > 0$) und monoton fallend für ($\alpha + \beta < 0$).

Dann können die Einwohner in Bezug auf ein Ausgabenkontinuum nach der Höhe ihres Einkommens angeordnet werden, d.h., dem Einkommen jedes Einwohners kann ein von diesem Einwohner gewünschtes Ausgabenniveau zugeordnet werden. Im ersten Fall ($\alpha + \beta > 0$) stehen private Einkommen und das gewünschte kommunale Ausgabenniveau in einem positiven Zusammenhang, d.h., Bezieher niedriger Einkommen fragen wenig kommunale Leistungen nach und Bezieher hoher Einkommen viele; im zweiten Fall ($\alpha + \beta < 0$) ist das Umgekehrte der Fall. Gilt zusätzlich die Bedingung (5), so ist erfüllt, daß die Medianposition innerhalb der Verteilung der Ausgabenwünsche dem Ausgabenniveau entspricht, das der Einwohner mit dem Medianeinkommen wünscht. Damit ist - unter den hier getroffenen Annahmen - eine konsistente und lückenlose Verbindung zwischen der individuellen Nachfrage des Medianwählers (Medianeinkommensbeziehers) und der insgesamt bereitgestellten Menge von kommunalen Leistungen hergestellt. Für die Medianversion des Nachfragemodells kann Gleichung [15] somit geschrieben werden als

[16] $$\ln A = \beta_0' + \beta_1' \ln t' + \beta_2' \ln y' \,.$$

Sie ist analog zu Gleichung [15] als Schätzgleichung für die empirische Analyse verwendbar.

Auf der Grundlage eines Modells, wie es im vorigen Abschnitt entwickelt worden ist, haben als erste Borcherding und Deacon [1972] bzw. Bergstrom und Goodman [1973] die öffentlichen Ausgaben auf ihre Bestimmungsgründe untersucht. In beiden Arbeiten wurden in einer Querschnittsanalyse die Ausgaben ausgewählter Bundesstaaten bzw. Gemeinden in den USA analysiert. Dabei konnte ein großer Teil der Ausgaben für die verschiedenen Leistungen (u.a. Polizeidienst, öffentliche Parks und Gesundheitseinrichtungen) auf den Einfluß der vermuteten Faktoren (Einkommen, Bereitstellungskosten, Steuerlastanteil) zurückgeführt werden. Die geschätzten Koeffizienten waren in der Mehrzahl der Fälle statistisch signifikant und hatten das theoretisch erwartete Vorzeichen. So erwies sich die Nachfrage nach kommunalen Leistungen im allgemeinen als preis- und einkommensunelastisch (mit negativem bzw. positivem Vorzeichen). Ebenfalls geschätzte Koeffizienten für den Grad der Konsumrivalität legten für die meisten Leistungsbereiche die Schlußfolgerung nahe, daß es sich dabei um private Güter handelt.[1] Zusätzlich eingeführte Va-

1 Unter bestimmten Bedingungen kann mit dem Grad der Konsumrivalität bei gegebener Einwohnerzahl ein Zusammenhang zwischen der insgesamt bereitgestellten Menge und der individuell konsumierbaren Menge hergestellt werden (vgl. Abschnitt D.II.1). Von ihren Schätzergebnissen auf mögliche Privatisierungspotentiale bei kommunalen Leistungen zu schließen, halten etwa Borcherding und Deacon [1972, S. 900] jedoch

riable wie die Haushaltsgröße, der Anteil der unter 18jährigen sowie der Verstädterungsgrad erwiesen sich hingegen nicht als signifikant.

Die Arbeiten von Borcherding und Deacon bzw. Bergstrom und Goodman haben - zunächst in den USA - eine große Zahl von Nachahmern gefunden. Vor allem die kommunalen Schulausgaben sind häufig untersucht worden, weil die institutionellen Bedingungen in vielen Gemeinden den Vorgaben des Medianwähleransatzes in vergleichsweise hohem Maß entsprechen.[1] Andere Aufgabenbereiche der Gemeinden sind ebenfalls untersucht worden. Dabei wurden die ursprünglich von Borcherding und Deacon bzw. Bergstrom und Goodman gefundenen Zusammenhänge im großen und ganzen bestätigt. In weiteren Untersuchungen wurde der ursprüngliche Ansatz um zusätzliche Einflußfaktoren, wie etwa Finanzzuweisungen ergänzt, und es wurden ansatzweise auch Substitutionsbeziehungen zwischen verschiedenen kommunalen Leistungen und privaten Gütern mit einbezogen.[2]

Auf der Grundlage des Medianwähleransatzes sind empirische Untersuchungen über die Bestimmungsgründe der Gemeindeausgaben auch für ausgewählte Gemeinden in der Schweiz durchgeführt worden [Pommerehne, 1974; 1978]. Bei insgesamt etwas höheren Preis- und Einkommenselastizitäten konnten die Ergebnisse der amerikanischen Untersuchungen weitgehend bestätigt werden. Dies gilt auch für eine Studie, die in der Bundesrepublik erarbeitet worden ist. Pross [1982] untersuchte die Bestimmungsgründe der Gemeindeausgaben in Baden-Württemberg im Jahre 1977. Dabei wurde außer der Einwohnerzahl, den privaten Einkommen und einer Preisvariablen für die kommunalen Leistungen eine Reihe von ökonomischen Strukturvariablen verwendet. Auch hier wiesen

---

nicht für vertretbar. Ähnliche Einwände gegen die vorschnelle Interpretation dieses Koeffizienten, vor allem auch in späteren empirischen Arbeiten, äußern Romer und Rosenthal [1979, S. 151] und Mueller [1979, S. 109].

1 Vgl. dazu im einzelnen Romer und Rosenthal [1979, S. 146]. Eine ausführliche Darstellung und kritische Würdigung der Untersuchungen von Schulausgaben in den USA findet sich bei Pommerehne [1987, S. 98-108].

2 Zusammenfassende Darstellungen der Ergebnisse von empirischen Untersuchungen auf der Grundlage des Medianwähleransatzes finden sich bei Inman [1979, S. 285-292], Bahl et al. [1980, S. 89-94] sowie Pommerehne [1987, S. 108-114].

die Koeffizienten der Einkommens- und der Preisvariablen in der Mehrzahl der Fälle die erwarteten Vorzeichen auf und waren statistisch gesichert.

Überblickt man die Ergebnisse der bisherigen empirischen Untersuchungen auf der Grundlage des Medianwähleransatzes, so entsteht zunächst der Eindruck, daß die Ausgaben lokaler wie auch regionaler Gebietskörperschaften damit offenbar plausibel erklärt werden können. Tatsächlich liegt eine beachtliche empirische Evidenz vor, die solche Modelle stützt. Dabei ist jedoch zu bedenken, daß diese Ergebnisse nicht ohne weiteres verallgemeinert werden können. Denn auch wenn der Medianwähleransatz sich im Prinzip auf bestimmte Formen repräsentativer Demokratie anwenden läßt (vgl. Abschnitt B. III. 3), so ist er eigentlich doch auf die idealtypische Situation einer direkten lokalen Demokratie zugeschnitten. Außerhalb der USA und der Schweiz, wo auch die meisten Untersuchungen durchgeführt wurden, sind solche Bedingungen jedoch so gut wie nie gegeben.

Es erscheint daher zunächst fraglich, ob Modelle auf der Grundlage des Medianwähleransatzes unbesehen auf Gemeinden angewandt werden können, die, wie etwa in der Bundesrepublik Deutschland, fast ausschließlich durch Formen repräsentativer lokaler Demokratie geprägt sind. Andererseits besteht aber auch keine Veranlassung, dem Medianwähleransatz unter den Bedingungen repräsentativer Demokratie einen Erklärungsgehalt für öffentliche Ausgaben von vornherein abzusprechen. Denn es kann bezweifelt werden, daß selbst in bestimmten Schweizer Kantonen und Gemeinden, für die der Ansatz plausible Resultate erbracht hat, alle seine Bedingungen in der Realität erfüllt sind [vgl. Pommerehne, 1978, S. 258]. Ob die Verwendung des Medianwähleransatzes bei der Untersuchung öffentlicher Ausgaben im Einzelfall gerechtfertigt werden kann oder nicht, erscheint somit eher als ein graduelles als ein grundsätzliches Problem. Für empirische Untersuchungen ergeben sich daraus im wesentlichen zwei Folgerungen:

- Die jeweiligen politisch-institutionellen Rahmenbedingungen (politische Abstimmungsregeln, Finanzverfassung) sind stets genau zu prüfen.
- Das Medianwählermodell sollte im Vergleich zu einem konkurrierenden Modell geschätzt werden.

Für einen solchen Vergleich erscheint das allgemeine Nachfragemodell geeignet. Wie im vorigen Abschnitt erläutert, wird im Unterschied zum Medianwählermodell dort lediglich unterstellt, daß die Ausgaben von Gemeinden grosso modo die Interessen der Einwohner widerspiegeln. Dies kann im allgemeinen wohl auch für eine Situation lokaler repräsentativer Demokratie als gegeben angesehen werden.

Mit einem Vergleich der beiden Modelle würde darüber hinaus auch einem weiteren Einwand gegen die allzu unbedenkliche Verwendung des Medianwählermodells - selbst unter geeigneten institutionellen Rahmenbedingungen - Rechnung getragen. Dieser Einwand bezieht sich auf die von Romer und Rosenthal konstatierte, mangelnde Eindeutigkeit der Ergebnisse, die sogenannte "fractile fallacy" des Medianwählermodells (vgl. Abschnitt B. III. 3). Romer und Rosenthal [1979] hatten gezeigt, daß beobachtete Zusammenhänge zwischen dem Einkommen und dem Steuerlastanteil des Medianwählers in einer Gemeinde und den kommunalen Ausgaben nicht zwingend den Schluß zulassen, daß die Ergebnisse für einen beliebigen anderen als repräsentativ angesehenen Wähler nicht aussagekräftiger sein könnten als die für den Medianwähler. Ein solcher alternativer repräsentativer Wähler könnte beispielsweise der nach dem 25. Perzentil, und nicht nach dem 50. wie der Medianwähler, bestimmte Wähler oder auch der Wähler mit den entsprechenden Durchschnittseigenschaften sein, wie es ja bei den allgemeinen Nachfragemodellen unterstellt wird.

Bislang gibt es nur einige wenige empirische Untersuchungen, in denen der Erklärungsgehalt eines allgemeinen Nachfragemodells für die Ausgaben von Gemeinden mit dem eines Medianwählermodells verglichen und dabei auch der Einfluß unterschiedlicher politisch-institutioneller Rahmenbedingungen berücksichtigt wird. Ihre hauptsächlichen Ergebnisse werden im folgenden Abschnitt dargestellt.

III. Ergebnisse der empirischen Forschung

Empirische Untersuchungen, in denen ein allgemeines Nachfragemodell im Vergleich mit einem Medianwählermodell unter verschiedenen Rahmenbedingungen geschätzt worden ist, gibt es für lokale Gebietskörperschaften in der Schweiz, Belgien und Großbritannien [Pommerehne, 1978; Moesen, Vanneste, 1987; Boyne, 1987].

Pommerehne [1978] hat auf diese Weise die Ausgaben von 110 Schweizer Gemeinden für die Jahre 1968-1972 untersucht. Einer Medianversion seines Modells stellte er dabei eine Durchschnittsversion gegenüber. Zusätzlich differenzierte er die Gemeinden nach wesentlichen Merkmalen der Kommunalverfassung, und er prüfte auch den möglichen Einfluß der Angehörigen der öffentlichen Verwaltung und der Gemeindepolitiker auf die Ausgaben. Dazu wurde eine log-lineare Gleichung in zwei Versionen geschätzt.[1] Für die Medianversion lautet diese Gleichung

[A] $$\ln E = c_1 + \alpha_1 \ln y' + \beta_1 \ln \tau' + \delta_1 \ln n.$$

Dabei bezeichnet

E die Gemeindeausgaben,

c eine Konstante,

y' das Medianeinkommen,

τ' den Mediansteuerlastanteil,

n den Bevölkerungsstand,

α die Einkommens- und β die Steuerlast-Elastizität der Nachfrage, sowie δ die Bevölkerungselastizität.

Für das alternativ geschätzte Durchschnittsmodell lautet die Gleichung

[B] $$\ln E = c_2 + \alpha_2 \ln \bar{y} + \beta_2 \ln \bar{\tau} + \delta_2 \ln n,$$

mit $\bar{y}$ als dem durchschnittlichen Einkommen und $\bar{\tau}$ als dem durchschnittlichen Steuerlastanteil.

Bei den Gemeinden wurden vier Gruppen unterschieden, nämlich solche

- mit direkter Demokratie sowie einem obligatorischen bzw. fakultativen Referendum (I),
- mit direkter Demokratie sowie fakultativem Referendum (II),

---

[1] Diese Gleichung, in der außer dem Einkommen und dem Steuerlastanteil als unabhängige Variable auch die Einwohnerzahl (μ) enthalten ist, ergibt sich bei Pommerehne [1978, S. 256 f.] aus dem allgemeinen Nachfragemodell, wenn zusätzlich der Grad der Konsumrivalität berücksichtigt wird; δ steht hier jedoch für die zu schätzende Elastizität.

- mit repräsentativer Demokratie und obligatorischem bzw. fakultativem Referendum (III) sowie
- mit repräsentativer Demokratie ohne Referendum (IV).

Ausschlaggebend für die Zuordnung zu der Kategorie "direkte" bzw. "repräsentative" Demokratie war, ob es in der jeweiligen Gemeinde eine Bürgerversammlung oder ein Gemeindeparlament gibt [Pommerehne, 1978, S. 258 f.]. In der hier wiedergegebenen Abfolge weisen die vier Ausprägungen lokaler Demokratie eine abnehmende Korrespondenz zu den Idealbedingungen des Medianwähleransatzes auf. Dem entsprechen die Erwartungen zum relativen Erklärungsgehalt des Median- bzw. des Durchschnittsmodells, die empirisch überprüft wurden:

- Das Medianmodell weist einen höheren Erklärungsgehalt für die Gemeinden der Gruppe I auf als für die der Gruppe IV; für die Gruppen II und III liegt er dazwischen.
- Entsprechend unterscheiden sich auch die Preis- und Einkommenselastizitäten, und zwar nach der Höhe und der statistischen Signifikanz.
- In den Gemeinden der Gruppe I hat das Medianmodell einen höheren Erklärungsgrad als das Durchschnittsmodell; in den Gemeinden der Gruppe IV ist das Umgekehrte der Fall. Für die Gruppen II und III ist a priori keine Aussage möglich.

Die erwarteten Zusammenhänge wurden durch die empirische Schätzung im großen und ganzen bestätigt: Zwar wies das Medianmodell (Gleichung [A]) mit Werten für das bereinigte Bestimmtheitsmaß $\bar{R}^2$ von 0,87 bis 0,94 in allen vier Gemeindegruppen einen hohen Erklärungsgehalt auf, so daß von daher signifikante Unterschiede nicht zu erkennen waren. Die Unterschiede zwischen den einzelnen Gemeindegruppen traten aber in den Koeffizienten und den Prüfmaßen der einzelnen Variablen deutlich hervor. Die Koeffizienten waren für die Gemeinden der Gruppen I und II stets hoch signifikant, und sie wiesen die erwarteten Vorzeichen auf. Dabei lag insbesondere die Einkommenselastizität der Nachfrage nach kommunalen Leistungen bei etwa 1,2 und die Steuerlast-Elastizität bei rund -0,75. Im Gegensatz dazu waren die Koeffizienten bei den Gemeinden der Gruppen III und IV weniger häufig signifikant. Für die Einkommenselastizität wurden Werte von 0,9 und 0,4 ermittelt, für die Steuerlast-Elastizität Werte von -0,5 bzw. -0,39. Für alle vier Gruppen von Gemeinden recht ähnlich fiel hingegen mit rund 0,6 der Koeffizient der Bevölkerungsvariablen aus.

Im direkten Vergleich der beiden Schätzversionen zeigte sich, daß das Medianmodell in Gemeinden mit direkter Demokratie bessere Ergebnisse lieferte als das Durchschnittsmodell; in den Gemeinden mit repräsentativer Demokratie war es gerade umgekehrt. Die für die aggregierten Ausgaben festgestellten Zusammenhänge fanden sich darüber hinaus im großen und ganzen auch für die Ausgaben einzelner Funktionsbereiche, wie etwa allgemeine Verwaltung, Bildung und Gesundheitswesen bestätigt.

Daraus zog Pommerehne insgesamt den Schluß, daß der Medianwähleransatz in Gemeinden mit direkter lokaler Demokratie als Erklärung für lokale Budgetprozesse geeignet ist, während in Gemeinden mit repräsentativer Demokratie zusätzlich der Einfluß anderer Gruppen zu berücksichtigen ist (lokale Politiker, Angehörige der öffentlichen Verwaltung). Der mögliche Einfluß lokaler Politiker wurde anhand von zwei Variablen geprüft, in die die politische Disposition der Parteien bzw. die Zeit bis zur nächsten Wahl eingingen; dem Einfluß der öffentlichen Verwaltung wurde dadurch Rechnung getragen, daß deren Angehörige als Interessengruppe bei politischen Abstimmungen aufgefaßt wurden. Für die untersuchten Gemeinden war ein Einfluß dieser beiden Variablen auf die Ausgaben jedoch nicht nachzuweisen.

Moesen und Vanneste [1987] haben für 312 flämische Gemeinden die Ausgaben des Jahres 1987, sowohl aggregiert als auch differenziert nach einzelnen Aufgabenbereichen, auf ihre Bestimmungsfaktoren untersucht. Dazu verwendeten sie eine Schätzgleichung folgender Form:

$$\text{[A]} \qquad \ln E = k + \alpha \ln y' + \beta \ln t' + \delta \ln N \, .$$

Dabei bezeichnet

E $(= \bar{P}X')$ die kommunalen Gesamtausgaben, mit $\bar{P}$ als den konstanten Kosten pro Einheit Leistung und X' als der vom Medianwähler nachgefragten Menge,

y' das Einkommen des Medianwählers,

t' den Steuerpreis des Medianwählers, ermittelt anhand der Belastung mit lokalen Grundsteuern,

N den Bevölkerungsstand,

α die Einkommenselastizität der Nachfrage sowie

δ die Bevölkerungselastizität.

Auch Moesen und Vanneste vermuten, daß die jeweils in den Gemeinden vorherrschenden politisch-institutionellen Rahmenbedingungen Unterschiede im Erklärungsgehalt der Schätzmodelle bedingen. Zwar sind bei den belgischen Gemeinden die Unterschiede zwischen den Kommunalverfassungen bei weitem nicht so ausgeprägt wie in der Schweiz, denn in allen Gemeinden herrschen Elemente der repräsentativen Demokratie vor. Moesen und Vanneste sehen aber doch Unterschiede in Bezug darauf, inwieweit der einzelne Wähler an den politischen Entscheidungsprozessen teilnimmt. Solche Unterschiede sind für sie vor allem in der Größe der Gemeinden begründet. Um dem Rechnung zu tragen, haben sie zwei Gruppen von Gemeinden gebildet, solche mit weniger als 15000 Einwohnern und solche mit 15000-100000 Einwohnern. Für die Untersuchung der aggregierten Ausgaben verwendeten sie folgende Schätzgleichung:

$$[B] \qquad \ln E = k + \alpha \ln \bar{y} + \delta \ln N + \pi_k (CPI)_k \, .$$

Dabei bezeichnet $\bar{y}$ das Durchschnittseinkommen und $(CPI)_k$ einen kollektiven Präferenzindex ("collective preference index") in drei Varianten ($k = 1,2,3$), der das Gewicht politischer Parteien in den Kommunalparlamenten erfassen soll. In der ersten Variante werden die politischen Parteien im Links-Rechts-Spektrum mit Hilfe einer Dummy-Variablen erfaßt. In der zweiten Variante wird zusätzlich ein Gewichtungsfaktor für die politische Ausrichtung der Mehrheitspartei eingeführt. In der dritten Variante, die für Koalitions-"Regierungen" besonders geeignet ist, wird dieses Gewicht zusätzlich um die Anzahl der Parlamentssitze verfeinert.

Bei der Untersuchung der aggregierten Ausgaben kamen Moesen und Vanneste zu folgenden Ergebnissen:

- Der Erklärungsgehalt des Durchschnittsmodells war für alle drei Varianten und beide Gemeindegruppen ähnlich hoch (R^2 von rund 0,85).
- Die Einkommensvariable ($\bar{y}$) war stets signifikant und wies das erwartete positive Vorzeichen auf. Die Nachfrage war einkommensunelastisch mit Koeffizienten von rund 0,35; zwischen den beiden Gemeindegruppen gab es dabei keine Unterschiede.
- Die Bevölkerungsvariable (N) war ebenfalls signifikant und wies durchgängig das erwartete positive Vorzeichen auf. In der Gruppe der Gemeinden mit weniger als 15000 Einwohnern lag der geschätzte Koeffi-

zient stets knapp unter 1, in der Gruppe mit 15000-100000 Einwohnern hingegen stets bei rund 1,35.

- Der Index CPI erwies sich in keiner der drei Varianten als statistisch signifikant. Ein Einfluß der politischen Disposition der Parteien auf die Ausgaben war somit, zumindest für die aggregierten Ausgaben, nicht nachzuweisen.

Außer den aggregierten Ausgaben haben Moesen und Vanneste die Ausgaben für einzelne Funktionsbereiche untersucht. Insbesondere prüften sie auch den Erklärungsgehalt des Durchschnitts- im Vergleich zum Medianmodell für solche kommunalen Leistungen, die ihrer Meinung nach als Konsumgüter eingestuft werden können und bei denen die Gemeinden in Belgien über Art und Umfang der Leistungserstellung vergleichsweise frei verfügen (Erziehung, Kultur, Soziale Sicherung, Gesundheits- und Wohnungswesen). Während für alle übrigen, einzeln untersuchten Aufgabenbereiche das Durchschnittsmodell (Gleichung [B]) sich dem Medianwählermodell (Gleichung [A]) als überlegen erwies, war für diese Gruppe von Aufgaben, zumindest was die kleinen Gemeinden bis 15000 Einwohner betrifft, das Gegenteil der Fall.

Dieses Ergebnis kann als ein Hinweis darauf gewertet werden, daß unter bestimmten Angebots- und Nachfragebedingungen bei kommunalen Leistungen selbst bei repräsentativer lokaler Demokratie das Medianwählermodell die Ausgaben vergleichsweise besser erklärt als das Durchschnittsmodell. Dabei spielt offenbar die Zugehörigkeit einer Gemeinde zu einer bestimmten Einwohnergrößenklasse eine Rolle.

Boyne [1987] hat die Ausgaben aller englischen lokalen Gebietskörperschaften für die Jahre 1982-1985 auf ihre Bestimmungsfaktoren untersucht. Dabei testet er wie Pommerehne [1978] und Moesen und Vanneste [1987] ein Median- gegen ein Durchschnittsmodell unter unterschiedlichen politisch-institutionellen Rahmenbedingungen. Geprüft wurde jedoch nicht, ob der Median- oder der Durchschnittswähler den Ausschlag bei Ausgabenentscheidungen, sondern bei Entscheidungen über die Höhe der Gemeindeeinnahmen gibt.

Die zu erklärende Variable ist bei Boyne die lokale Steuerpolitik. Sie wurde spezifiziert als die jährliche prozentuale Veränderung des Steuersatzes bei der lokalen Grundsteuer ("rate"). Neben den Finanzzuweisungen ist dies in Großbritannien nach wie vor die einzige Einnahmequelle von Gewicht in den Gemeindehaushalten; sie macht etwa 50 vH der

Gesamteinnahmen aus. Aus einer Reihe von Gründen ist sie als Gradmesser für die Präferenzen der Einwohner für den Umfang der kommunalen Haushalte gut geeignet [vgl. Boyne, 1987, S. 205].

Geschätzt wurde der Einfluß der folgenden unabhängigen Variablen als potentielle Bestimmungsfaktoren der Steuerpolitik:

- der Mediansteuerpreis (MEDTP) bzw. der Durchschnittssteuerpreis (MEANTP) in der Gemeinde;
- die Finanzzuweisungen der Zentralregierung (GR);
- die politische Disposition des Gemeindeparlaments (LAB);
- die privaten Einkommen (INC);
- der Einfluß der lokalen Geschäftswelt ("business rate payers", BRP) gemessen an dem Anteil gewerblich bzw. industriell genutzter Gebäude am gesamten, der Grundsteuer unterliegenden Gebäudebestand in einer Gemeinde.

Sein Median- bzw. Durchschnittsmodell schätzte Boyne mit Hilfe der beiden Gleichungen

$$[A] \quad CHRP = a + b_1 MEDTP + b_2 CHGR + b_3 LAB + b_4 INC + b_5 BRP$$

$$[B] \quad CHRP = a' + b_1' MEANTP + b_2' CHGR + b_3' LAB + b_4' INC + b_5' BRP.$$

Die Gleichungen unterscheiden sich damit lediglich in der Spezifikation der Steuerpreisvariablen. Einen vergleichsweise höheren Erklärungsgehalt der Gleichung [A] interpretierte Boyne als Bestätigung der Medianhypothese, einen höheren Erklärungsgehalt der Gleichung [B] als Bestätigung der Durchschnittshypothese. Von der abhängigen Variablen (CHRP), d.h. der jährlichen prozentualen Veränderung des Grundsteuersatzes ("rate poundage"), wurde angenommen, daß sie mit (LAB) und (INC) in einem positiven, und mit (MEDTP), (MEANTP) sowie der jährlichen erwarteten Veränderungsrate bei den Finanzzuweisungen (CHGR) und (BRP) in einem negativen Zusammenhang steht.

Unterschiede in den politisch-institutionellen Rahmenbedingungen wurden auf zweifache Weise berücksichtigt. Zum einem wurden drei Gruppen von Gemeinden gebildet, innerhalb derer, ähnlich wie bei kreisfreien Städten und kreisangehörigen Gemeinden in der Bundesrepublik, die Aufgabenzuständigkeiten vergleichsweise homogen, zwischen denen sie jedoch heterogen sind, nämlich

- 32 Londoner Stadtbezirke ("boroughs");
- 36 verstädterte Bezirke ("metropolitan districts") in den übrigen Verdichtungsgebieten;
- die restlichen 296 ländlichen Bezirke ("non-metropolitan districts").

Darüber hinaus wurden die Gemeinden nach den jeweils herrschenden Parteien-Konstellationen unterschieden. Dabei galt als

- eine Ein-Parteien-Situation, wenn die größte Partei mindestens 75 vH der Sitze im Gemeindeparlament hatte,
- eine Zwei-Parteien-Situation, wenn die beiden größten Parteien zusammen mindestens 85 vH der Sitze hatten. Alle übrigen Gemeinden, in denen keine der beiden genannten Bedingungen erfüllt war, wurden zu einer dritten Gruppe zusammengefaßt.

Dabei vermutete Boyne, daß die Medianspezifikation in einer Zwei-Parteien-Konstellation den vergleichsweise höchsten Erklärungsgehalt aufweist. Die beiden Gleichungen wurden für die jeweiligen Kombinationen aus Gemeindegruppen und Parteienkonstellationen geschätzt. Dabei zeigte sich in nahezu allen Fällen das Durchschnittsmodell als überlegen:

- Sein Erklärungsgehalt war höher oder zumindest etwa gleich hoch wie jener des Medianmodells. Für die Londoner Stadtbezirke lag das bereinigte Bestimmtheitsmaß im Durchschnitt der Untersuchungsjahre für das Durchschnittsmodell bei 0,58 und für das Medianmodell bei 0,45; für die verstädterten Bezirke bei 0,31 bzw. 0,29. Eine Ausnahme bildeten hier lediglich die ländlichen Bezirke mit einer Zwei-Parteien-Konstellation. Hier hatte das Medianmodell mit einem Wert von 0,27 einen leicht höheren Erklärungsanteil als das Durchschnittsmodell mit 0,24;
- der Koeffizient der Variablen "Mediansteuerpreis" (MEDTP) war in keinem Fall statistisch gesichert, und das Vorzeichen wechselte;
- der Koeffizient der Variablen "Durchschnittssteuerpreis" (MEANTP) wies hingegen in der Regel das erwartete negative Vorzeichen auf; er lag im Bereich -0,01 bis -0,34 und war statistisch gesichert;
- bei den übrigen unabhängigen Variablen war lediglich der Koeffizient für die Änderung der Finanzzuweisungen (CHGR) nahezu durchgängig und mit dem erwarteten Vorzeichen signifikant. Die Werte schwankten teilweise von Jahr zu Jahr sehr stark, so etwa bei den ländlichen Bezirken von -0,53 im Jahr 1982 bis zu -1,32 im Jahr darauf. Dies ist möglicherweise auf teilweise drastische Änderungen in der Finanzaus-

gleichsgesetzgebung in dieser Zeit zurückzuführen.[1] Die Koeffizienten aller übrigen Variablen wiesen in der Regel zwar das erwartete Vorzeichen auf, waren jedoch häufig nicht signifikant.

Im Hinblick auf die verschiedenen Gruppen von Gemeinden ergab sich folgendes Bild: Zwar konnte für die unterschiedlichen Parteien-Konstellationen bei den Londoner Stadtbezirken und den verstädterten Bezirken ein Zusammenhang mit den Ausgaben nicht festgestellt werden. Was die ländlichen Bezirke betrifft, so zeigte sich jedoch, daß

- bei Ein- und Mehrparteienkonstellationen das Durchschnittsmodell und
- bei Zwei-Parteien-Konstellationen das Medianmodell in größerem Maß zur Erklärung der Ausgaben beitrug.

Boyne zufolge kann dies möglicherweise damit erklärt werden, daß in den ländlichen Bezirken die öffentliche Verwaltung eine geringere Rolle spielt als in den Zentren und daß politische Entscheidungen dort eher auf örtliche Probleme bezogen sind. Unter diesen Bedingungen kann der bei einer Zwei-Parteien-Konstellation für das Medianmodell zu erwartende, vergleichsweise höhere Erklärungsgehalt eher zur Geltung kommen.

Als wichtigstes Ergebnis der hier vorgestellten empirischen Untersuchungen ist festzuhalten: Nicht nur unter den Bedingungen direkter lokaler Demokratie, wie sie vor allem für die Gemeinden in den USA und teilweise auch in der Schweiz kennzeichnend sind, sondern auch unter den Bedingungen repräsentativer lokaler Demokratie können Nachfragemodelle zur Erklärung von Gemeindeausgaben beitragen. Wenn damit die Gültigkeit der Nutzenmaximierungsannahme für den öffentlichen Sektor auch nicht nachgewiesen ist, so stehen die für die drei untersuchten Länder gefundenen Ergebnisse zu der Annahme doch zumindest nicht im Widerspruch. Bedeutsam erscheint in diesem Zusammenhang vor allem, daß dies auch dann gilt, wenn Gemeinden auf vielfältige Art und Weise in ein finanzwirtschaftliches und finanzpolitisches Beziehungsgeflecht (Finanzausgleich) eingebunden sind, welches das Nutzenkalkül der Entscheidungsträger nicht unbeeinflußt lassen kann. Denn diese Wirkungszusammenhänge, ebenso wie der auf lokaler Ebene stattfindende Parteien-

---

[1] Vgl. Boyne [1987, S. 206]. Von besonderer Bedeutung waren in diesem Zusammenhang wohl Änderungen bei dem sogenannten "Rate-Support-Grant", der für englische Gemeinden wichtigsten Zuweisungsart. Im Untersuchungszeitraum entfielen darauf nahezu vier Fünftel aller Finanzzuweisungen [vgl. Bennett, Krebs, 1988, S. 84, 98].

wettbewerb und nicht zuletzt auch der Einfluß der öffentlichen Verwaltung, sind in den oben diskutierten drei Modellen nicht oder nur unzureichend erfaßt. Obwohl also wichtige Einflußfaktoren der Gemeindeausgaben in den Nachfragemodellen nicht berücksichtigt werden, können diese doch als ein grundsätzlich brauchbares Instrument angesehen werden, das zum Verständnis der komplexen Zusammenhänge bei kommunalen Ausgabenentscheidungen beizutragen vermag.

Nach den Ergebnissen der hier diskutierten empirischen Untersuchungen für die Schweiz, Belgien und Großbritannien kann vermutet werden, daß Nachfragemodelle auch zur Erklärung der Gemeindeausgaben in der Bundesrepublik Deutschland beitragen können. Zwar muß auch hier einschränkend darauf hingewiesen werden, daß wichtige Faktoren, wie der Einfluß der öffentlichen Verwaltung und von politischen Parteien, vor allem aber die Einbindung der Gemeinden in den kommunalen Finanzausgleich, im Rahmen dieser Modelle explizit nicht berücksichtigt werden. Auch muß es angesichts der Ausgestaltung des Steuer- und Abgabensystems in der Bundesrepublik, in dem Äquivalenzgesichtspunkte nur eine geringe Rolle spielen, zunächst fraglich erscheinen, ob die mit der Verwendung von Nachfragemodellen implizierte Annahme der Nutzenmaximierung im öffentlichen Sektor ausreichend begründet ist.

Trotzdem erscheint eine derartige empirische Untersuchung, insbesondere nach den Ergebnissen der obengenannten Studien vertretbar. Denn im Grundsatz besteht zwischen der Ausgestaltung des öffentlichen Aufgaben- und Finanzierungsverbundes sowie den Angebots- und Nachfragebedingungen für kommunale Leistungen dort und in der Bundesrepublik weitgehende Übereinstimmung. Nicht nur nehmen die Gemeinden in den verschiedenen Ländern weitgehend die gleichen Funktionen wahr, auch der Anteil der selbständig zu erfüllenden Aufgaben wie auch der Grad an finanzieller Unabhängigkeit sind vergleichbar. Für die Gemeinden in der Bundesrepublik kommt die im Grundgesetz verankerte Gewährleistung der kommunalen Selbstverwaltung hinzu. Sie verleiht ihnen einen im europäischen Vergleich hohen Grad an Autonomie.[1]

---

1 Zur Ausgestaltung des öffentlichen Aufgaben- und Finanzierungsverbundes im einzelnen vgl. für die Schweiz Jans [1984], Kleinewefers und Pfister [1977] sowie Meier [1983a; 1983b]; für Belgien Frank [1984], Delcourt und Triquet [1984] sowie Quévit [1985]; für Großbritannien Bennett [1982], Newton und Karran [1985] sowie Peacock und Ricketts [1983].

Als ein weiteres Ergebnis der oben diskutierten empirischen Untersuchungen konnte festgehalten werden, daß unter den Bedingungen repräsentativer lokaler Demokratie - außer dem allgemeinen Nachfragemodell - auch das Medianwählermodell zur Erklärung von Gemeindeausgaben beitragen kann. Der relative Erklärungsgehalt der beiden Modelle hängt dabei offenbar entscheidend von den jeweiligen politisch-institutionellen Rahmenbedingungen für Angebot und Nachfrage kommunaler Leistungen ab. Hinweise auf eine leichte Überlegenheit des Medianwählermodells haben sich nur in Ausnahmefällen ergeben. Insbesondere für kleine oder ländliche Gemeinden, sowie in Funktionsbereichen, in denen bei den Angebots- und Nachfragebedingungen die Analogie zu privaten Märkten vergleichsweise ausgeprägt ist, kann das Medianwählermodell die Ausgaben besser erklären als das allgemeine Nachfragemodell. Ob mit Hilfe eines dieser Modelle auch die Gemeindeausgaben in der Bundesrepublik Deutschland erklärt werden können, nach welchen Aufgabenbereichen und Gemeindegruppen dabei differenziert werden muß und ob zusätzlich der Einfluß von Politikern sowie der Verwaltung zu berücksichtigen ist, wird im folgenden Kapitel geprüft.

D. Empirische Untersuchung der Gemeindeausgaben in der Bundesrepublik Deutschland

I. Konzeption und methodisches Vorgehen

Ziel der empirischen Untersuchung war es, Anhaltspunkte über die Bestimmungsfaktoren der Gemeindeausgaben in der Bundesrepublik zu gewinnen. Grundsätzlich kommt für eine solche Untersuchung die Form der Zeitreihenanalyse oder der Querschnittsanalyse oder auch eine Kombination von beiden in Frage. Um Zurechnungsprobleme zu vermeiden, die sich etwa wegen der Gemeindegebietsreform in der Bundesrepublik bei der Analyse von Kommunalhaushalten im Zeitablauf ergeben können, wurde hier die Form der Querschnittsanalyse gewählt. [1]

Untersucht wurden die Ausgaben des Jahres 1983, für das zum ersten - und bislang einzigen - Mal eine spezielle, gemeindeweise Auswertung der Einkommensteuerstatistik vorlag, der für die Untersuchung wichtige Angaben über die Einkommensteuerbelastung entnommen werden konnten (vgl. Abschnitt D. III. 2. b). Mit einigen wenigen Ausnahmen standen diese Daten, ebenso wie die aus der kommunalen Finanzstatistik, für alle Gemeinden des Bundesgebietes mit mehr als 20000 Einwohnern zur Verfügung. Es wurden 486 Städte und Gemeinden (ohne Stadtstaaten) ausgewählt, die rund 50 vH der Bevölkerung und 53 vH der aggregierten Kommunalhaushalte (bereinigte Gesamtausgaben) aller Flächenländer umfassen. Wie sich die Untersuchungsgemeinden über die Bundesländer verteilen, zeigt Tabelle 1.

Die ungleichmäßige Verteilung der Untersuchungsgemeinden auf die Bundesländer hat ihre Ursache in den schon traditionell unterschiedlichen Gemeindegrößen. Sie ist aber auch eine Folge der Gebietsreform, der in den einzelnen Ländern unterschiedliche Vorstellungen darüber zugrunde lagen, von welcher Einwohnerzahl ab die alten Gemeinden zu größeren Einheiten zusammengefaßt werden sollten. Wird die Einwohnerzahl der Gemeinden als Auswahlkriterium herangezogen, sind daher einige Länder über-, andere unterrepräsentiert. Deshalb kann auch nicht von vornherein ausgeschlossen werden, daß bestimmte, für ein Land

---

[1] Zu den Auswirkungen der Gebietsreform auf die Ausgabenpolitik der Gemeinden vgl. Brockmann [1984].

Tabelle 1 - Untersuchte Gemeinden nach Bundesländern 1983

	Untersuchungsgemeinden	Gemeinden insgesamt	Anteil der Untersuchungsgemeinden an der Gesamtbevölkerung	Anteil der Untersuchungsgemeinden an den aggregierten Ausgaben aller Gemeinden
	Anzahl		vH	
Schleswig-Holstein	18	1129	41	45
Niedersachsen	72	1031	53	52
Nordrhein-Westfalen	187	396	86	78
Hessen	47	427	49	52
Rheinland-Pfalz	20	2303	34	37
Baden-Württemberg	78	1111	47	49
Bayern	51	2052	37	47
Saarland	13	52	54	66
Bundesgebiet (a)	486	8501	50	53

(a) Ohne Stadtstaaten und Berlin.

Quelle: Statistisches Bundesamt [a, 1983; b, 1983]; eigene Berechnungen.

möglicherweise charakteristische politische oder institutionelle Einflußfaktoren die Ergebnisse für alle untersuchten Gemeinden beeinflussen. Bei der empirischen Schätzung wird versucht, dies zu berücksichtigen.

Grundlage für die empirische Schätzung ist ein Modell kommunaler Ausgabenentscheidungen, in dem die Nachfrage- und Angebotsbedingungen bei öffentlich bereitgestellten Gütern und Dienstleistungen mit Hilfe der traditionellen Mikrotheorie sowie Elementen der Theorie der öffentlichen Güter erfaßt werden. Aus dem Modell wird eine Schätzgleichung für die Nachfrage nach Gütern und Dienstleistungen auf kommunaler Ebene abgeleitet. Diese Gleichung wird in zwei Varianten spezifiziert, die für ein allgemeines Nachfragemodell bzw. ein Medianwählermodell stehen.

Entsprechend den Überlegungen im vorigen Kapitel wird somit im ersten Fall unterstellt, daß der Einwohner mit dem durchschnittlichen Einkommen und der durchschnittlichen Steuerbelastung bestimmend für die insgesamt nachgefragte Menge an Gütern und Dienstleistungen ist. Im zweiten Fall wird das für den Einwohner mit dem Medianeinkommen und der Mediansteuerlast angenommen. Beide Modelle werden alternativ geschätzt, wobei außer dem Einfluß des repräsentativen Einwohners ergänzend auch der Einfluß anderer Gruppen (lokale Politiker, Angehörige der öffentlichen Verwaltung) auf die Gemeindeausgaben geprüft wird.

Für die beiden Modelle werden Hypothesen über den Zusammenhang zwischen einzelnen potentiellen Bestimmungsfaktoren und den Ausgaben getestet. Im Vordergrund steht die Untersuchung von ausgewählten kommunalen Aufgabenbereichen, d.h. von zusammengefaßten Abschnitten des finanzstatistischen Gliederungsplans.[1] Darüber hinaus werden die Gemeinden nach Einwohnergrößenklassen, Verwaltungsstatus und Zugehörigkeit zu einem Bundesland unterschieden.

II. Das verwendete Modell für die Gemeinden in der Bundesrepublik

1. Spezifikation des Modells

Ausgangspunkt des in diesem Abschnitt entwickelten Modells ist eine individuelle Nachfragefunktion für öffentlich bereitgestellte Güter und Dienstleistungen.[2] Von der individuellen Nachfrage nach einem bestimmten Gut wird angenommen, daß sie, wie die Nachfrage nach privaten Gütern, vom Einkommen und vom Preis abhängt.[3] Unterstellt wird eine Nachfragefunktion der Form

[1] $$X_i = ZY_i^{\alpha} t_i^{\beta} ,$$

wobei Y_i das individuelle Einkommen ist, t_i eine Preisvariable ist, α und β konstante Elastizitäten sind und Z ein konstanter Parameter ist. Dabei wird analog zur Situation auf privaten Märkten angenommen, daß die

---

1 Der Gliederungsplan für die kommunale Finanzstatistik ist in Anhang I wiedergegeben.

2 Es handelt sich um die Kombination und Weiterentwicklung zweier Modelle, die ursprünglich von Borcherding und Deacon [1972] bzw. Bergstrom und Goodman [1973] entwickelt worden sind. Auf die Ableitung der Nachfragefunktion aus der Nutzenfunktion, wie sie dort vorgenommen wird, wurde deswegen hier verzichtet. Vergleiche aber Bergstrom und Goodman [1973, S. 282] sowie für den allgemeinen Fall eines Nachfragemodells Abschnitt C. I.

3 Für die eingehende Diskussion einzelner Annahmen vgl. Abschnitt D. II. 2.

individuelle Nachfrage nach dem Gut mit steigendem Einkommen zunimmt und mit steigendem Preis abnimmt ($dX_i/dY_i > 0$ bzw. $dX_i/dt < 0$). Öffentlich bereitgestellte Güter werden in der Regel nicht auf Märkten gehandelt; daher erzielen sie auch keinen Preis. Für solche Güter kann aber ein Steuerpreis bestimmt werden, der als ein bestimmter Teil der von dem individuellen Nachfrager insgesamt gezahlten Steuern aufzufassen ist.[1] Dieser Steuerpreis wird aus der individuellen Budgetbeschränkung abgeleitet. Wird mit X_m die Menge aller privaten Güter bezeichnet und mit X die insgesamt bereitgestellte Menge eines Gutes, welches hier stellvertretend für das gesamte kommunale Leistungsangebot steht, ergibt sich die Budgetbeschränkung zunächst als

[2] $$\Sigma p_m X_m + \tau_i p_x X = Y_i.$$

Der Ausdruck $\Sigma\, p_m X_m$ bezeichnet dabei den Wert aller privaten Güter, τ_i ist der Steuerlastanteil des Individuums, d. h. sein Anteil am gesamten gezahlten Steueraufkommen, p_x sind die Bereitstellungskosten pro Einheit des öffentlichen Gutes, und Y_i ist wiederum das individuelle Einkommen.[2]

Ausschlaggebend für den individuellen Finanzierungsbeitrag ist nicht die insgesamt bereitgestellte Menge des Gutes (X), sondern die Menge, die individuell konsumiert wird (X_i). Der Anteil seines Einkommens, den der Einzelne in Form von Steuern dafür aufbringen muß, hängt ab von der Zahl der Nutzer (n) und dem Grad der Konsumrivalität (δ) des betreffenden Gutes. Wird unterstellt, daß es keine gruppenspezifischen Güter gibt, die bestimmten Bevölkerungsgruppen nicht zugänglich sind, gilt für den Zusammenhang zwischen der gesamten bereitgestellten Menge (X) und der individuell konsumierbaren Menge (X_i) des Gutes

[3] $$X_i = X/n^{\delta},$$

---

[1] Ausführlich wurde auf den Steuerpreis bereits oben eingegangen (vgl. Abschnitt C. I).

[2] Der genaue Zusammenhang zwischen Steuerpreis und Steuerlastanteil ist aus Gleichung [6] ersichtlich.

wobei der Koeffizient δ in dem Wertebereich $0 \leq \delta \leq 1$ den Grad der Konsumrivalität angibt. Nimmt δ den Wert Null an, handelt es sich um ein reines öffentliches Gut, bei dem insgesamt bereitgestellte und individuell konsumierbare Menge gleich sind. Im Fall $\delta = 1$ handelt es sich hingegen um ein privates Gut. Damit kann der für den Einzelnen relevante Einkommensbestandteil, den er für die anteilige Finanzierung des Gutes aufwenden muß, geschrieben werden als

[4] $$\tau_i p_x X_i n^{\delta} \;;$$

die revidierte Budgetbeschränkung lautet dann

[5] $$\Sigma p_m X_m + \tau_i p_x X_i n^{\delta} = Y_i;$$

darin ist der Steuerpreis

[6] $$t_i = \tau_i p_x n^{\delta} \;.$$

Damit ist eine Preisvariable für das öffentlich bereitgestellte Gut spezifiziert, die in die ursprüngliche Nachfragefunktion (Gleichung [1]) eingesetzt werden kann. Diese ergibt sich als

[7] $$X_i = Z Y_i^{\alpha} (\tau_i p_x n^{\delta})^{\beta} \;.$$

Die individuelle Nachfrage nach dem Gut wird demnach bestimmt durch das Einkommen und den Steuerlastanteil des Individuums, die Bereitstellungskosten des Gutes, die Zahl der Einwohner der Gemeinde sowie den Grad der Konsumrivalität.

Den Prämissen des nachfrageorientierten Erklärungsansatzes entsprechend wird auch in diesem Modell angenommen, daß die Verwaltung öffentliche Leistungen gemäß den Wünschen der Nachfrager unter Wettbewerbsbedingungen bereitstellt. Unter dieser Voraussetzung wird auf der Angebotsseite aus den Produktionsbedingungen für das kommunale Gut eine Angebotsfunktion abgeleitet. Unterstellt wird dabei eine Cobb-Douglas-Produktionsfunktion der Form

[8] $$X = a L^{\mu} K^{1-\mu} \;.$$

Darin sind Arbeit (L) und Kapital (K) die Produktionsfaktoren und μ ist die konstante partielle Elastizität des Faktors Arbeit, $(1-\mu)$ die des Faktors Kapital. Wird angenommen, daß das Gut effizient produziert wird, können über die Minimalkostenkombination die Grenzkosten (C_X) als Funktion des Lohnsatzes (w), des Zinssatzes (r) und der partiellen Elastizitäten bestimmt werden.[1] Aus der Produktionsfunktion [8] ergeben sich zunächst die Grenzprodukte der Faktoren Arbeit und Kapital als

[8.1] $$\frac{dX}{dL} = aK^{1-\mu}\mu L^{\mu-1} = a\mu\left(\frac{K}{L}\right)^{1-\mu}$$

sowie

[8.2] $$\frac{dX}{dK} = aL^{\mu}(1-\mu)K^{-\mu} = a(1-\mu)\left(\frac{K}{L}\right)^{-\mu}.$$

Der betrieblich effiziente Produktionsumfang wird mit Hilfe eines Lagrange-Prozesses bestimmt: Ausgangspunkt ist die Budgetbeschränkung der Gemeinde mit jeweils spezifischen, exogen vorgegebenen und konstanten Inputpreisen, dem Lohnsatz (w) und dem Zinssatz (r):

[8.3] $$B = wL + rK.$$

In der Lagrangefunktion werden Produktionsfunktion und Budgetbeschränkung kombiniert, und es werden die partiellen Ableitungen gebildet:

[8.4] $$F = aL^{\mu}K^{1-\mu} + \theta(wL + rK - B)$$

[8.5] $$F_L = a\mu L^{\mu-1}K^{1-\mu} + \theta w = 0$$

[8.6] $$F_K = aL^{\mu}(1-\mu)K^{-\mu} + \theta r = 0$$

[8.7] $$F_\theta = + wL + rK - B = 0.$$

Durch Auflösen nach θ ergibt sich

---

[1] Vgl. zum Folgenden Beaton [1983, S. 148-153].

[8.8] $$-\theta = \frac{a\mu L^{\mu-1}K^{1-\mu}}{w}$$

[8.9] $$-\theta = \frac{aL^{\mu}(1-\mu)K^{-\mu}}{r} .$$

Der betrieblich effiziente Produktionsumfang ist verwirklicht, wenn

- das Verhältnis der Inputpreise (w/r) gleich dem Verhältnis der Grenzprodukte, der Grenzrate der technischen Substitution, ist; wegen der Gleichungen [8.8] und [8.9] gilt dann

[8.10] $$\frac{w}{r} = \frac{a\mu L^{\mu-1}K^{1-\mu}}{aL^{\mu}(1-\mu)K^{-\mu}} = \frac{dX/dL}{dX/dK} ,$$

- die Wertgrenzprodukte gleich den Faktorpreisen sind (C_x = Grenzkosten bzw. Kostenpreis):

[8.11] $$(dX/dL)C_x = w$$

[8.12] $$(dX/dK)C_x = r.$$

Wegen der Definition der partiellen Elastizitäten von CD-Funktionen

[8.13] $$\frac{dX/dL}{X/L} = \frac{a\mu L^{\mu-1}K^{1-\mu}}{aL^{\mu}\,K^{\mu-1}/L} = \mu$$

[8.14] $$\frac{dX/dK}{X/K} = \frac{aL^{\mu}(1-\mu)K^{-\mu}}{aL^{\mu}\,K^{\mu-1}/L} = 1-\mu$$

können [8.11] und [8.12] umgeformt werden zu

[8.15] $$\mu\left(\frac{X}{L}\right)C_x = w$$

[8.16] $$(1-\mu)\left(\frac{X}{K}\right)C_x = r .$$

Durch Auflösen nach L und K ergibt sich

[8.17] $$L = \frac{\mu X C_x}{w}$$

[8.18] $$K = \frac{(1-\mu) X C_x}{r} \quad .$$

Nach Einsetzen in die Produktionsfunktion [8] $X = aL^{\mu} K^{1-\mu}$ folgt

[8.19] $$X = a\left[\frac{\mu X C_x}{w}\right]^{\mu} \cdot \left[\frac{(1-\mu) X C_x}{r}\right]^{1-\mu} \quad .$$

Dies kann nach den Grenzkosten C_x aufgelöst werden:

[9] $$C_x = \frac{1}{a}\left[\frac{w}{\mu}\right]^{\mu} \cdot \left[\frac{r}{1-\mu}\right]^{(1-\mu)} \quad .$$

Wird ferner angenommen, daß der Zinssatz für angebotenes Kapital in allen Gemeinden gleich ist, reduziert sich [9] zu

[10] $$C_x = a' w^{\mu},$$

$$\text{mit} \quad a' = \frac{1}{a\mu}\left(\frac{r}{1-\mu}\right)^{1-\mu} \quad ,$$

d.h. zu einer für jede Gemeinde spezifischen, horizontalen Angebotsfunktion, die jeweils vom spezifischen Lohnsatz (w) abhängt, sowie von einer konstanten partiellen Elastizität (μ) und einer ebenfalls gleichen Konstanten (a'). [1]

Damit sind für das öffentlich bereitgestellte Gut eine Nachfragefunktion $X_i = ZY_i^{\alpha} t_i^{\beta}$ sowie eine Angebotsfunktion $C_x = a'w^{\mu}$ spezifiziert. Eine für jede Gemeinde spezifische Gleichgewichtslösung ergibt sich im Schnittpunkt der beiden Funktionen. Unter Wettbewerbsbedingungen entsprechen die Grenzkosten den Bereitstellungskosten pro Einheit Lei-

---

[1] Die Größe a' ist eine Konstante, wenn - wie oben - angenommen wird, daß der Zinssatz (r) in allen Gemeinden gleich ist.

stung, d.h., es gilt

$$[11] \qquad C_x = p_x .$$

Für diese Gleichgewichtslösung können die Grenzkosten in den Ausdruck für den Steuerpreis integriert werden. Aus der Definition für den Steuerpreis [6] folgt dann

$$[12] \qquad t_i = \tau_i C_x n^{\delta} = \tau_i (a' w^{\mu}) = a' \tau_i W n^{\delta} ,$$

$$\text{mit } W = w^{\mu} .$$

Dem hier unterstellten Nutzenmaximierungsansatz entsprechend wird angenommen, daß die individuellen Präferenzen eines repräsentativen Einwohners den Ausschlag nicht nur über die individuell konsumierte, sondern gleichzeitig über die insgesamt bereitgestellte Menge des Gutes geben. Der Zusammenhang zwischen der individuell konsumierten Menge des Gutes und der insgesamt bereitgestellten Menge ist gegeben durch die Beziehung $X_i = Xn^{-\delta}$ (Gleichung [3]). Die ursprüngliche Nachfragefunktion $X_i = ZY_i^{\alpha} t_i^{\beta}$ (Gleichung [1]) kann dann umgeformt werden zu

$$[13] \qquad X = ZY_i^{\alpha} t_i^{\beta} n^{\delta} .$$

In diese Nachfragefunktion kann nun der Ausdruck für den Steuerpreis [12] eingesetzt werden. Dann ergibt sich

$$[14] \qquad X = zY_i^{\alpha} (\tau_i W n^{\delta})^{\beta} n^{\delta}$$

bzw.

$$[15] \qquad X = zY_i^{\alpha} \tau_i^{\beta} W^{\beta} n^{\delta(\beta+1)} .$$

Die insgesamt nachgefragte - und damit auch bereitgestellte - Menge des Gutes kann demnach als Funktion des privaten Einkommens und des Steuerlastanteils eines repräsentativen Einwohners, der Bereitstellungskosten des Gutes sowie der Einwohnerzahl bestimmt werden. [1] Damit sind

---

1 Damit wird über die Modelle von Borcherding und Deacon bzw. Bergstrom und Goodman hinausgegangen. Borcherding und Deacon [1972, S. 893] leiten zwar einen Angebotspreis für das öffentlich bereitge-

vier Faktoren identifiziert, die für den Umfang der kommunalen Leistungserstellung als bestimmend gelten können und deren Einfluß mit Hilfe der Schätzgleichung [15] empirisch überprüft werden kann.

Aufgrund der eingangs (Gleichung [1]) unterstellten Elastizitäten wird dabei vermutet, daß die insgesamt bereitgestellte Menge mit der Höhe der privaten Einkommen in der Gemeinde positiv, mit den Bereitstellungskosten und der individuellen Steuerbelastung hingegen negativ korreliert ist: Wie auf privaten Märkten würde demzufolge die Nachfrage des repräsentativen Einwohners nach kommunalen Leistungen bei höherem Einkommen zunehmen. Umgekehrt würde sie bei einem höheren Preis für solche Leistungen, der aus höheren Bereitstellungskosten oder einem höheren Steuerlastanteil - oder beidem - resultieren kann, abnehmen. Darüber hinaus wird vermutet, daß die Einwohnerzahl und die insgesamt bereitgestellte Menge positiv korreliert sind, wobei die Stärke des Zusammenhangs auch vom Grad der Konsumrivalität abhängt.

2. Modellannahmen

Im folgenden werden die Annahmen diskutiert, unter denen das Modell entwickelt und die Schätzgleichung [15] abgeleitet worden ist.

Annahme 1: Das jeweils betrachtete kommunale Gut wird in allen Gemeinden gemäß einer Cobb-Douglas-Funktion produziert.

Diese Annahme ist unter zwei Gesichtspunkten zu diskutieren: Zunächst stellt sich die Frage, ob eine Produktionsfunktion für den Output der kommunalen Leistungserstellung grundsätzlich bestimmbar ist. Erst danach kann darauf eingegangen werden, ob es sich dabei um einen bestimmten Funktionstyp, wie etwa eine Cobb-Douglas-Funktion, handeln kann.

Auf die Schwierigkeit, den Output im öffentlichen Sektor zu bestimmen, wurde bereits bei der Diskussion der bürokratietheoretischen An-

---

stellte Gut ab, einen Steuerlastanteil jedoch nur implizit, indem sie unterstellen, daß in der Gemeinde nur eine Kopfsteuer erhoben wird. Umgekehrt bestimmen Bergstrom und Goodman [1973, S. 283] den Steuerlastanteil, nicht jedoch einen Angebotspreis. Sie unterstellen vielmehr, daß dieser Preis in allen Gemeinden gleich ist, und wählen dann die Einheit des Gutes so, daß dieser Preis zu eins wird.

sätze hingewiesen (vgl. Abschnitt B. III. 1). Das Problem besteht darin, daß vielfach zwar jeweils ein Aktivitätsniveau bestimmt, von diesem auf den eigentlichen Output jedoch nicht geschlossen werden kann. Das gilt allerdings nicht nur für den öffentlichen, sondern häufig auch für den privaten Sektor, nämlich insoweit, als es sich bei der betrachteten wirtschaftlichen Aktivität um eine Dienstleistung handelt. So stellt sich etwa im Hinblick auf eine öffentliche Parkanlage wie auch auf eine pauschal gebuchte Urlaubsreise gleichermaßen die Frage, was jeweils als Output anzusehen ist (Erholung, Lebensfreude?). Während für weite Bereiche wirtschaftlicher Aktivität im privaten wie auch im öffentlichen Sektor eine Produktionsfunktion grundsätzlich bestimmbar ist, gibt es doch auch andere Bereiche, in denen dies auf Schwierigkeiten stößt. Insoweit, als davon auch das kommunale Leistungsangebot betroffen ist, muß hier unterstellt werden, daß ein Output und somit auch eine Produktionsfunktion bestimmbar ist.

Die Existenz einer Produktionsfunktion für alle Teile des kommunalen Leistungsspektrums vorausgesetzt, wurde unter der weitergehenden Annahme, daß es sich dabei um eine Cobb-Douglas-Funktion handelt, eine Grenzkosten- bzw. Angebotsfunktion abgeleitet, die nur vom gemeindespezifischen Lohnsatz und der partiellen Elastizität abhängt. Produktionsfunktionen dieses Typs sind in empirischen Untersuchungen über Gemeindeausgaben häufig verwendet worden; im Sinne eines formalen Tests wurden die damit implizit unterstellten Produktionsbedingungen jedoch offenbar nie überprüft.[1] Auch für die hier untersuchten Gemeinden war es nicht möglich, die Annahme einer CD-Funktion zu testen. Es konnte aber ansatzweise untersucht werden, ob das mit einer CD-Funktion implizierte konstante Faktoreinsatzverhältnis mit den vorliegenden Daten kompatibel war. Würde angenommen, daß in allen Gemeinden nach

---

[1] In einzelnen Fällen wurde allerdings untersucht, ob bestimmte, für eine CD-Funktion charakteristische Eigenschaften mit dem zur Verfügung stehenden Datenmaterial kompatibel waren. So zitiert Hirsch [1970] eine Reihe von empirischen Untersuchungen über Gemeinden in den USA, in denen anhand konstanter Durchschnittskosten auf das Fehlen von Skalenerträgen für eine Reihe von kommunalen Aufgabenbereichen geschlossen wird. Inman [1979, S. 296] sowie Bahl et al. [1980, S. 96] vermuten hingegen mit zunehmender Gemeindegröße negative Skalenerträge. Fortune [1983, S. 233] findet, ebenfalls für eine Reihe von Gemeinden in den USA, Substitutionselastizitäten zwischen den Produktionsfaktoren von -1, dies allerdings nur unter der Annahme fehlender Skalenerträge.

der gleichen CD-Funktion produziert wird, müßte dieses Faktoreinsatzverhältnis überall gleich sein. Dies braucht hier allerdings nicht gefordert zu werden. Vielmehr sollte nur gewährleistet sein, daß in allen untersuchten Gemeinden überhaupt gemäß einer CD-Funktion produziert wird, deren Parameter für einzelne Gemeinden durchaus unterschiedlich sein können.

Ob diese Bedingung als erfüllt anzusehen ist, konnte auf direktem Weg hier nicht festgestellt werden. Deswegen wurde, Borcherding und Deacon [1972, S. 894] folgend, hilfsweise darauf abgestellt, ob es zwischen den Produktionsfunktionen der Gemeinden nur zufällige oder auch systematische Abweichungen gibt, d.h., ob Output, Lohnsatz und partielle Elastizität systematisch variieren oder nicht. Solche zufälligen Abweichungen stehen nicht im Widerspruch zur Annahme einer CD-Funktion. Sie bedeuten möglicherweise nur, daß einzelne Gemeinden gemäß unterschiedlichen CD-Funktionen produzieren oder daß unterschiedliche Güter in der gleichen Funktionsgruppe enthalten sind. [1]

Eventuell festgestellte systematische Unterschiede zwischen den Produktionsfunktionen der Gemeinden wären hingegen mit einer CD-Funktion nicht vereinbar. Die Zusammenhänge zwischen den drei Variablen Output, Lohnsatz und partielle Elastizität wurden für alle hier untersuchten Aufgabenbereiche und Gemeindegruppen geprüft (vgl. Abschnitt D. IV. 1).

Ein weiteres Indiz für CD-Funktionen wäre es, wenn konstante Durchschnittskosten, d.h. fehlende Skalenerträge in der Produktion, festgestellt werden könnten. In einer Reihe von empirischen Untersuchungen ist immer dann auf konstante Skalenerträge geschlossen worden, wenn die Pro-Kopf-Ausgaben in den untersuchten Gemeinden bei zunehmender Einwohnerzahl konstant blieben [vgl. Bahl et al., 1980, S. 96]. Ein solches Vorgehen erscheint jedoch fragwürdig, denn damit wird unterstellt, daß der Umfang der öffentlichen Leistungserstellung sich "normalerweise" proportional zur Einwohnerzahl entwickelt. Neben einer Reihe anderer Gründe spricht gegen eine solche Vermutung vor allem im öffentlichen Sektor die Möglichkeit, daß bei unvollständiger Konsumrivalität auch Skalenerträge im Konsum auftreten können.

---

[1] So z.B. beim Straßenbau im Flachland oder im Gebirge.

Insgesamt gesehen können Abweichungen von der hier getroffenen Annahme einer CD-Funktion und daraus resultierende Verzerrungen der Schätzergebnisse nicht ausgeschlossen werden. Legt man als Indizien für das Vorhandensein einer solchen Funktion die beiden oben genannten Kriterien zugrunde, dürfte sich das Problem jedoch zumindest in dem Maße entschärfen, in dem einzelne kommmunale Funktionen für die empirische Analyse zu größeren Aufgabenbereichen zusammengefaßt werden. In diesem Fall könnte nämlich eher vermutet werden, daß positive bzw. negative Skalenerträge in einzelnen Teilbereichen sich tendenziell ausgleichen werden.

Annahme 2: Das jeweilige kommunale Gut wird betriebswirtschaftlich effizient produziert.

Nur unter dieser Annahme konnten aus der Produktionsfunktion für das kommunale Gut über die Minimalkostenkombination die Grenzkosten und die Angebotsfunktion abgeleitet werden. Damit wurde unterstellt, daß die öffentlich bereitgestellten Güter und Dienstleistungen unter Wettbewerbsbedingungen angeboten und nachgefragt werden. Die Einwohner einer Gemeinde hätten demnach die Wahl zwischen verschiedenen Anbietern eines Gutes oder zwischen einem Gut und einer Reihe von Substituten; die öffentliche Verwaltung könnte Güter und Dienstleistungen auf effiziente Weise bereitstellen.

Die Annahme einer betriebswirtschaftlich effizienten Produktion ist - zumindest für den öffentlichen Sektor insgesamt - problematisch; Produktivitätsvergleiche zwischen dem öffentlichen und dem privaten Sektor lassen auf teilweise beträchtliche Ineffizienzen in der öffentlichen Leistungserstellung schließen (vgl. Abschnitt B. II. 3). Dieser Einwand kann auch nicht grundsätzlich ausgeräumt werden. Es spricht jedoch einiges dafür, daß solche Produktivitätsunterschiede auf kommunaler Ebene, und dort wiederum für bestimmte Teile des kommunalen Leistungsangebots, vergleichsweise gering sind. So besteht etwa wegen des häufig spezifisch örtlichen Bezugs der von den Gemeinden bereitgestellten Güter und Dienstleistungen zwischen Nutzern und Anbietern ein im Vergleich zu anderen Teilen des öffentlichen Sektors enger Zusammenhang. Auch gibt es für eine Reihe von kommunalen Leistungen Substitute auf privaten Märkten, so daß aus der Sicht der privaten Haushalte das öffentliche Leistungsangebot zumindest in Teilen mit privaten Angeboten konkurriert. Darüber hinaus können die Gemeinden in bestimmten Aufgabenbereichen über Art und Umfang der Leistungserstellung weitgehend selbständig entscheiden, und sie stehen dabei teilweise auch im Wettbewerb um steuerlich attraktive private Haushalte bzw. Unternehmen. Insgesamt gesehen weisen die Angebots- und Nachfragebedingungen für kommunale Leistungen, insbesondere in bestimmten kommunalen Funktionsbereichen, somit durchaus Parallelen zur Situation auf privaten Märkten auf. Solchen Unterschieden innerhalb des gesamten kommunalen Leistungsangebots wird in der empirischen Untersuchung Rechnung getragen, so daß die Annahme einer betriebswirtschaftlich effizienten Produktion als weniger problematisch angesehen werden kann.[1]

Annahme 3: Das Angebot des Faktors Arbeit ist vollständig preiselastisch, und der Zinssatz für angebotenes Kapital ist in allen Gemeinden gleich.

Nur unter diesen beiden Bedingungen konnte aus der Produktionsfunktion eine horizontal verlaufende Angebotsfunktion abgeleitet werden. Ein völlig preiselastisches Angebot des Faktors Arbeit impliziert, daß bei Veränderungen in der angebotenen Menge kommunaler Leistungen der Preis des Faktors konstant bleibt. Weil die Besoldungsstruktur im Untersuchungsjahr in den einzelnen Gemeinden vorgegeben ist, kann die erste Bedingung wohl als erfüllt angesehen werden. Auch die zweite Annahme erscheint angesichts der Interdependenz der einzelnen Kapitalmärkte und geringer Transaktionskosten zunächst plausibel. Dabei muß allerdings unberücksichtigt bleiben, daß Gemeinden aufgrund des jeweiligen speziellen (Länder-) Haushaltsrechts bei der Kreditaufnahme Einschränkungen unterworfen sind, und daß sie je nach ihrer Finanzsituation oder der Art des zu finanzierenden Projekts sehr wohl mit unterschiedlichen Zinssätzen konfrontiert sein können; Informationen darüber standen für einzelne Gemeinden jedoch nicht zur Verfügung.[2]

Annahme 4: Das Preisniveau der privaten Güter ist in allen untersuchten Gemeinden gleich.

Ist diese Annahme erfüllt, wird entsprechend der individuellen Budgetrestriktion die Entscheidung der Nachfrager zwischen privaten bzw.

---

[1] Zur Abgrenzung der kommunalen Aufgabenbereiche nach den hier genannten Kriterien vgl. Abschnitt D. II. 4.

[2] Zu den Verschuldungsmöglichkeiten von Gemeinden in der Bundesrepublik vgl. Smekal [1987].

öffentlich bereitgestellten Gütern in allen Gemeinden gleichermaßen beeinflußt und kann somit unberücksichtigt bleiben, wenn relative Unterschiede in den Ausgaben einzelner Gemeinden untersucht werden.[1] Für einen großen Teil privater Güter kann wohl angenommen werden, daß das Preisniveau in den hier untersuchten Gemeinden mehr oder weniger gleich ist. Es gibt jedoch auch Ausnahmen; das augenfälligste Beispiel sind vielleicht die örtlichen Mietpreis- bzw. Grundstückspreisunterschiede; Informationen darüber konnten jedoch für die hier untersuchten Gemeinden und das Referenzjahr nicht beschafft werden. Daher ist auch nicht ausgeschlossen, daß die Schätzergebnisse insofern verzerrt sind. Möglicherweise ist dies weniger problematisch, wenn jeweils bestimmte Gruppen von Gemeinden untersucht wurden. So kann etwa für Gemeinden in einer Einwohnergrößenklasse angenommen werden, daß die Preisniveauunterschiede weniger gravierend sind.

Annahme 5: Die Nutzung des betrachteten kommunalen Gutes steht allen Einwohnern offen.

Nur unter dieser Annahme wird die individuelle Konsummöglichkeit allein durch die Einwohnerzahl bestimmt und kann der Grad der Konsumrivalität nach Gleichung [3] bestimmt werden. Es wird somit unterstellt, daß es keine gruppenspezifischen Güter gibt, die etwa wegen gesetzlicher Bestimmungen Teilen der Bevölkerung nicht zugänglich sind. Für die Mehrzahl der kommunalen Aufgabenbereiche dürfte diese Annahme erfüllt sein. Einzelne Bereiche, wie etwa die städtischen Altersheime, sind Ausnahmen. Möglichen Unterschieden in der Nutzung müßte dann dadurch Rechnung getragen werden, daß nur die jeweils in Frage kommenden Bevölkerungsgruppen in die Analyse einbezogen werden. Im Rahmen des hier verwendeten Ansatzes war dies nicht möglich, weil es dann zusätzlicher Annahmen, etwa über die jeweiligen Einkommen und die Steuerbelastung, bedurft hätte. Je mehr Funktionsbereiche zusammengefaßt untersucht werden, um so eher werden sich allerdings mögliche Sondereinflüsse in einzelnen Bereichen ausgleichen. Insbesondere kann dies erwartet werden, wenn - wie hier geschehen - zwei große Gruppen von Gemeindeaufgaben unterschieden werden, in denen jeweils Aufgaben aus den verschiedenen Funktionsbereichen enthalten sind.

---

[1] Bei gleichem Niveau schlägt sich die Preiskomponente zwar in dem konstanten Glied der Schätzung nieder, bewirkt aber keine Verzerrungen bei den Koeffizienten der unabhängigen Variablen.

Annahme 6: Für den einzelnen Einwohner ist seine Einkommensteuerbelastung ein Maß für seinen Anteil an den Bereitstellungskosten des betrachteten Gutes.

Nur so kann angenommen werden, daß die Nachfrage konsistent auf Einkommens- und Preisänderungen reagiert. Allgemein kann die Steuerbelastung als der Anteil gemessen werden, den der einzelne Bürger zum gesamten Steueraufkommen der Gemeinde beiträgt. Als Bestimmungsfaktor für die Gemeindeausgaben wäre der Steuerlastanteil am aussagekräftigsten, wenn die Gemeinde das betreffende Gut ausschließlich aus einer Steuer finanzierte, deren Steuersatz sie eigenständig variieren kann und deren Aufkommen ihr in voller Höhe zufließt; auch müßten Zuweisungen von Land oder Bund ausgeschlossen sein (reines Trennsystem). Entscheidungen über die Höhe der Ausgaben würden sich bei unveränderter Steuerstruktur dann unmittelbar in Veränderungen der Steuerbelastung der Einwohner niederschlagen.

Diese Bedingungen sind in der Realität nur selten erfüllt; auch auf die Gemeinden in der Bundesrepublik treffen sie weitgehend nicht zu.[1] Es gibt keine echte Gemeindesteuer, deren alleiniges Aufkommen den überwiegenden Teil der Gemeindeeinnahmen ausmacht. Vielmehr sind die Gemeinden am Aufkommen mehrerer Steuern beteiligt und erhalten in erheblichem Umfang Zuweisungen (Tabelle 2).

Von ihrer Ausgestaltung her käme als Grundlage für die Bestimmung des Steuerlastanteils am ehesten die kommunale Grundsteuer in Betracht. Sie wird von nahezu allen Einwohnern, entweder als Hauseigentümer oder als Mieter, anteilig gezahlt und kann, zumindest bei nicht-gewerblicher Nutzung, im allgemeinen auch nicht weiter überwälzt werden, so daß die steuerliche Belastung bei den Einwohnern der betreffenden Gemeinde verbleibt. Überdies haben die Gemeinden bei der Grundsteuer ein Hebesatzrecht, d.h., sie können den Steuersatz nach eigenem Ermessen variieren.

Die Grundsteuer ist allerdings wegen ihres vergleichsweise geringen Aufkommens (knapp 13 vH der kommunalen Steuereinnahmen) als Meßgröße für den Steuerlastanteil kaum geeignet. Als problematisch ist außerdem anzusehen, daß für die überwiegende Zahl der Einwohner der Steu-

---

[1] Für eine aktuelle Übersicht über das kommunale Finanzsystem in der Bundesrepublik Deutschland vgl. z.B. Marcus [1987].

Tabelle 2 - Einnahmen der Gemeinden in der Bundesrepublik Deutschland 1983 (Mrd. DM)

Gemeindeanteil an der Einkommensteuer	21,7	allgemeine Zuweisungen	20,3
Gewerbesteuer (netto)	20,0	spezielle Zuweisungen	19,8
Grundsteuern A und B	6,1	Zuweisungen insgesamt	40,1
Steuern insgesamt	47,8	Einnahmen aus wirtschaftlicher Tätigkeit	10,3
Gebühren und Beiträge	35,7	Einnahmen insgesamt	133,9

Quelle: BMF [1986, S. 118 f.].

erlastanteil wohl kaum zu ermitteln sein dürfte. Dazu müßte nämlich bekannt sein, in welchem Umfang die Steuer jeweils in die Wohnungsmiete überwälzt worden ist.

Von ihrer Bedeutung als Einnahmequelle käme wohl eher die Gewerbesteuer in Frage. Sie ist die im Durchschnitt aufkommensstärkste Steuer der Gemeinden; einschließlich der Gewerbesteuerumlage (3,9 Mrd. DM) machte sie 1983 etwa 50 vH der kommunalen Steuereinnahmen aus. Überdies haben die Gemeinden auch bei dieser Steuer ein Hebesatzrecht. Im Vergleich zur Grundsteuer weist sie allerdings den Nachteil auf, daß die Einnahmen der Gemeinde nicht in vollem Umfang verbleiben (Gewerbesteuerumlage).

Gegen die Verwendung der Gewerbesteuer als Berechnungsgrundlage für den Steuerlastanteil spricht jedoch vor allem, daß sie nur von einer Minderheit der Einwohner, nämlich bestimmten Gewerbetreibenden, gezahlt wird.

Wegen der zunehmenden Entwicklung der Gewerbebesteuer zu einer Großbetriebsteuer unterliegen zudem viele Betriebe der Gewerbebesteuerung nicht mehr. Gemessen an den Einwohnern insgesamt, hat sich der Anteil derer, die in einer Gemeinde diese Steuer zahlen, dadurch noch weiter verringert. Schließlich liegt die effektive Inzidenz der Gewerbesteuer häufig gar nicht in der Gemeinde, in der sie erhoben wird. Diese Möglichkeit ist stets dann gegeben, wenn die Steuer in die Produktpreise überwälzt werden kann.

Angesichts der gravierenden Probleme, die sich bei der Verwendung der Grundsteuer bzw. der Gewerbesteuer als Berechnungsgrundlage für den Steuerlastanteil ergeben würden, ist in die Überlegungen auch der Gemeindeanteil an der Einkommensteuer einbezogen worden. Auf den ersten Blick erscheint dieser nur wenig geeignet, denn es handelt sich dabei nicht um eine echte Gemeindesteuer; vielmehr sind die Gemeinden lediglich am Aufkommen beteiligt. Wegen des progressiven Tarifverlaufs kann zudem ein Zusammenhang zwischen öffentlichen Leistungen und gezahlter Steuer (im Sinne des Äquivalenzprinzips) nur schwer hergestellt werden. Vor allem aber gibt es für den einzelnen Steuerpflichtigen bei gegebenem Einkommen keine Möglichkeit, seiner Steuerbelastung auszuweichen. Wegen der Einheitlichkeit der Einkommensbesteuerung ist diese Belastung überall gleich. Weder durch Stimmabgabe bei ausgabenwirksamen Entscheidungen, wie etwa Kommunalwahlen, noch durch Umzug in eine andere Gemeinde, kann der Einzelne darauf Einfluß nehmen.

Trotz dieser Nachteile sollte der Gemeindeanteil an der Einkommensteuer als Grundlage für die Bestimmung des Steuerlastanteils nicht von vornherein ausgeschlossen werden. Denn auch wenn eine Gemeinde ihr Steueraufkommen hier nicht durch Variation des Steuersatzes beeinflussen kann, so hat sie doch zumindest mittelfristig die Möglichkeit, durch eine geeignete Ansiedlungspolitik, wie etwa die Ausweisung von attraktiven Wohngebieten und die Bereitstellung kultureller Einrichtungen, im Wettbewerb mit anderen Gemeinden Einwohner anzulocken und sich damit zusätzliche Anteile am Einkommensteueraufkommen zu sichern. Besonders im Umland von größeren Städten ist dies seit geraumer Zeit zu beobachten.

Auch der Einwand, daß die progressive Ausgestaltung der Einkommensteuer dem im Modell enthaltenen Äquivalenzgedanken bei der Finanzierung von Gütern und Dienstleistungen widerspricht, gilt für den Gemeindeanteil an der Einkommensteuer nur in eingeschränktem Maße. Denn zu seiner Berechnung werden die Einkommen nur bis zu einer bestimmten Höchstgrenze, dem sogenannten Sockelbetrag, herangezogen. Daraus kann - was die Finanzierung der Gemeindeaufgaben betrifft - eine tendenziell eher proportionale Belastung der Einkommen resultieren.[1]

---

[1] Von diesem positiven Effekt abgesehen dürfte durch die Sockelbetragsregelung der Zusammenhang zwischen individueller steuerlicher Belastung eines Gemeindeeinwohners und dem kommunalen Leistungsangebot allerdings eher geschwächt werden: Von dem örtlichen Aufkommen an Einkommensteuer in einer Gemeinde, das aus Einkommen über dem Sockel entrichtet wird, wird der bei weitem größte Teil über eine Schlüsselzahl auf alle Gemeinden eines Landes verteilt. Die einzelne Gemeinde profitiert davon nur insoweit, als sich durch ihren Beitrag diese Umverteilungsmasse erhöht hat. (Zu den Einzelheiten bei der

Dabei wird allerdings unterstellt, daß der Einzelne weiß, welcher Anteil der von ihm gezahlten Steuern an seine Gemeinde fließt und welchen Anteil die Einnahmen der Gemeinde aus der Einkommensteuer an den Gesamteinnahmen haben. Dies ist in der Realität wohl nur selten erfüllt; zutreffende Informationen darüber können im allgemeinen nicht vorausgesetzt werden. Nicht unterschätzt werden sollte hierbei jedoch das Interesse der Gemeindevertreter, denen diese Zusammenhänge zweifellos vertraut sind, die Einwohner zu informieren (Aufrufe zur Rücksendung von Lohnsteuerkarten). Auch aus einem anderen Grund kann ein Zusammenhang zwischen der individuellen Belastung durch die Einkommensteuer und den Präferenzen für Ausgaben der Gemeinde vermutet werden. So ist anzunehmen, daß in Gemeinden mit hohem Aufkommen aus dem Einkommensteueranteil wegen günstiger Einwohnerstruktur (hohe Belastung mit Einkommensteuer) das Interesse der Steuerbürger an der Ausgabengestaltung nicht nur insgesamt stärker ausgeprägt ist als in Gemeinden mit niedrigem Aufkommen, sondern auch für die Ausgaben der jeweiligen Gemeinde.[1]

Verzerrungen infolge von Fiskalillusion können bei der Einkommensteuerbelastung wohl weitgehend ausgeschlossen werden. Subjektiv empfundene Abweichungen von der tatsächlichen Steuerlast führen offenbar nicht dazu, daß diese systematisch über- bzw. unterschätzt wird. Besonders in größeren Gemeinden kann daher erwartet werden, daß Abweichungen von der tatsächlichen Steuerlast gleichmäßig streuen. Dann stimmt der Erwartungswert mit der tatsächlichen Steuerlast überein; entsprechende Schätzergebnisse blieben somit unbeeinflußt.

Schließlich kann trotz der einheitlichen Besteuerung der Einkommen vermutet werden, daß die Präferenzen der Einwohner für Ausgabenentscheidungen von Gemeinden zumindest eine gewisse Rolle spielen. Dies

---

Bestimmung des kommunalen Einkommensteueranteils vgl. Marcus [1987, S. 73-76].) Das grundsätzliche Interesse einer Gemeinde an zusätzlichen steuerkräftigen Einwohnern dürfte davon jedoch unberührt bleiben.

1 Noam [1981] untersuchte für ausgewählte Gemeinden in der Schweiz, wie die Preiselastizität der Nachfrage für kommunale Güter vom privaten Einkommen abhängt. Dabei fand er heraus, daß die Bezieher hoher Einkommen in bezug auf die meisten von den Gemeinden bereitgestellten Güter wesentlich kostenbewußter ("sparsamer") waren als die Bezieher niedriger Einkommen.

dürfte stets dann der Fall sein, wenn der Einzelne in seinem Entscheidungskalkül seinen Nettonutzen als Differenz von in Anspruch genommenen kommunalen Leistungen und seiner Belastung durch Steuern berücksichtigt [Buchanan, 1950]. Dieses "fiskalische Residuum" kann sich - auch bei Gleichheit auf der Kostenseite - wegen unterschiedlicher Nutzen von einer Gemeinde zur anderen durchaus unterscheiden. Darauf deuten die z.T. ausgeprägten Präferenzen mobiler Bevölkerungsteile für bestimmte Wohnstandorte, etwa mit hoher Umweltqualität und reichhaltiger kultureller und verkehrsmäßiger Infrastruktur, hin.

Insgesamt gesehen erscheinen die eingangs vorgebrachten Argumente gegen die Verwendung des Gemeindeanteils an der Einkommensteuer somit weniger zwingend, als zunächst zu vermuten war. Weil mit der Einkommensteuer darüber hinaus nahezu alle Einwohner einer Gemeinde erfaßt werden, die Steuer vergleichsweise schwer überwälzt werden kann und der Gemeindeanteil an der Steuer eine der wichtigsten kommunalen Einnahmequellen darstellt, dürfte sie - auch angesichts der Datenverfügbarkeit - von den möglichen Alternativen noch am ehesten für die Analyse geeignet sein.

Für die empirische Schätzung wurde daher ein Steuerlastanteil auf der Grundlage der individuellen Einkommensteuerschuld bestimmt. [1] Weil gemeindeweise Informationen über die individuelle Belastung der Einwohner mit anderen Gemeindesteuern, insbesondere auch mit Gebühren und Beiträgen, nicht zur Verfügung standen, mußte dabei angenommen werden, daß diese die Position des jeweils repräsentativen Steuerzahlers in der Gemeinde unverändert lassen. Für diese Annahme spricht, daß sich die individuelle Einkommen- und die Grundsteuerbelastung im allgemeinen gleichgerichtet entwickeln: Wenn mit höherem Einkommen auch höherwertiger Wohnraum nachgefragt wird, steigt parallel zur stärkeren Belastung durch die Einkommensteuer auch die in der Miete enthaltene bzw. vom Eigentümer zu entrichtende Grundsteuer. In gewissen Grenzen mögen sich auch Einkommen- und Gewerbesteuer gleichgerichtet entwickeln, etwa wenn bei höheren Arbeitseinkommen in einer Gemeinde auch die fiskalische Ergiebigkeit der Unternehmensbesteuerung steigt. Auch ein Zusammenhang zwischen der individuellen Belastung durch die Einkom-

---

[1] Zur Operationalisierung der Steuerlast-Variablen vgl. Abschnitt D. III. 2. c.

mensteuer und der durch Gebühren und Beiträge ist nicht von vornherein von der Hand zu weisen. So kann vermutet werden, daß mit steigenden Einkommen (und damit auch steigender Besteuerung des Einkommens) auch mehr gebühren- bzw. beitragsfinanzierte kommunale Leistungen in Anspruch genommen werden (Anschlußgebühren an Versorgungsnetze beim Eigenheimbau, Museums-, Theaterbesuche). Ebenso mögen in Gemeinden, in denen vergleichsweise hohe private Einkommen erzielt werden, wegen insgesamt höherer Faktorpreise auch die kommunalen Gebühren- und Beitragssätze höher liegen als in anderen Gemeinden. Insgesamt dürften von daher nennenswerte Veränderungen in der Position des repräsentativen Steuerzahlers durch seine Belastung mit den übrigen Gemeindesteuern und -abgaben nicht zu erwarten sein.

Annahme 7: Die repräsentativen Einwohner in den untersuchten Gemeinden haben identische Präferenzstrukturen.

Damit wird unterstellt, daß die Nachfrage der repräsentativen Einwohner nach kommunalen Leistungen in den einzelnen Gemeinden jeweils nur von deren Einkommen und Steuerbelastung abhängt. Ist das der Fall, kann der repräsentative Einwohner in jeder Gemeinde anhand dieser beiden Merkmale identifiziert werden; nur dann ist in der Querschnittsuntersuchung die Nachfrage eines Individuums nach öffentlich bereitgestellten Gütern bei alternativen Preis-Einkommens-Konstellationen bestimmbar. Auf die Schwierigkeit, diese Annahme empirisch zu testen, ist bereits im zusammenhang mit dem Medianwähleransatz hingewiesen worden (vgl. Abschnitt B. III. 3). Auch im Rahmen dieser Studie konnte die Annahme nicht überprüft werden. Es ist aber anzunehmen, daß diese tendenziell um so eher erfüllt ist, je ähnlicher sich die untersuchten Gemeinden sind; als Abgrenzungskriterien dienten hier die Zugehörigkeit zu einem Bundesland oder einer Einwohnergrößenklasse. Eine andere Möglichkeit bestünde darin, Präferenzunterschieden näherungsweise durch Einführung sozio-ökonomischer Strukturmerkmale Rechnung zu tragen. Das wurde hier jedoch nicht versucht.

Zusammenfassend ist festzustellen: Für die Plausibilität einer Reihe der hier gemachten Annahmen konnten Argumente vorgelegt werden, die von vornherein nicht von der Hand zu weisen sind. Das betrifft die Annahmen über das Preisniveau der privaten Güter, die Nutzungsmöglichkeit für kommunale Leistungen, die Angebotselastizität des Faktors Arbeit sowie das Zinsniveau in den Gemeinden. Diese Annahmen können daher als vergleichsweise wenig problematisch gelten.

In bezug auf andere Annahmen, wie die zur Produktionsfunktion und den Präferenzstrukturen, wurden Möglichkeiten aufgezeigt, wie Probleme, die sich eventuell daraus ergeben mögen, daß diese Annahmen nicht zutreffen, in der empirischen Untersuchung entschärft werden können. Als letztlich problematisch müssen die beiden Annahmen über die Produktionseffizienz im öffentlichen Sektor und die Identifikation des Steuerlastanteils gelten; zu ihnen gibt es unter den gegebenen institutionellen Rahmenbedingungen jedoch keine Alternative.

3. Berücksichtigung zusätzlicher Einflußfaktoren

In den beiden vorangegangenen Abschnitten wurde ein Modell entwickelt und in seinen Annahmen diskutiert, in dem die Ausgabenentscheidungen in Gemeinden allein auf die Präferenzen eines individuellen repräsentativen Einwohners zurückgeführt werden. Der Einfluß anderer, an solchen Entscheidungen in der Regel wohl ebenfalls beteiligter Gruppen, wie etwa der lokalen Politiker und der Angehörigen der öffentlichen Verwaltung, ist dabei zunächst unberücksichtigt geblieben. Auch sind in dem Modell bislang nur Einnahmen der Gemeinden aus Steuern enthalten, nicht jedoch Finanzzuweisungen von Bund und Land.

Um dem möglichen Einfluß dieser Faktoren auf Umfang und Zusammensetzung der Gemeindeausgaben Rechnung tragen zu können, wurden sie zusätzlich in die Schätzgleichung aufgenommen. So konnte geprüft werden, ob es für die Ausgaben einer Gemeinde von Bedeutung ist, welche politische Partei dort die parlamentarische Mehrheit hat und welches Gewicht die Angehörigen der öffentlichen Verwaltung ihren Präferenzen für öffentliche Ausgaben bei Wahlen geben können. Außer dem Einfluß der Finanzzuweisungen auf die Ausgaben wurde untersucht, ob sich dauerhafte Veränderungen im Bevölkerungsstand hier ebenfalls auswirken.

a. Öffentliche Verwaltung

Welches Interesse die Angehörigen der öffentlichen Verwaltung unter Umständen daran haben, daß ihre Gemeinde zusätzliche Aufgaben übernimmt und höhere Ausgaben tätigt, wurde bereits dargelegt (vgl. Abschnitt B. III. 1). Das Schwergewicht der Argumentation lag dabei auf der Angebotsseite (Angebotsmonopol der öffentlichen Verwaltung, dominierende Position im bilateralen Monopol wegen Informationsvorsprungs). Auf welche Weise innerhalb der Verwaltung versucht wird, auf ausgabenwirksame Entscheidungen Einfluß zu nehmen, kann im Rahmen des hier gewählten nachfrageorientierten Ansatzes nicht überprüft werden. Es wurde aber untersucht, ob die Angehörigen der öffentlichen Verwaltung als Nachfrager öffentlicher Güter und Dienstleistungen besonders in Erscheinung treten. Für die Vermutung, daß dies der Fall ist, spricht das von dem der übrigen Bevölkerung abweichende Nutzen-Kosten-Kalkül der Beschäftigten im öffentlichen Dienst. So ziehen sie aus dem Angebot öffentlicher Leistungen nicht nur als Nachfrager einen Nutzen, sondern - im Sinne der Bürokratietheorie - darüber hinaus auch als Produzenten. Wegen der Vertrautheit mit politisch-administrativen Entscheidungsabläufen sind darüber hinaus ihre Informationskosten über anstehende Entscheidungen geringer, und ihre Produktivität bei der Problemverarbeitung politischer Fragen ist höher.

Um diese Zusammenhänge operationalisieren zu können, wurde die aus der Bürokratietheorie abgeleitete Präferenz der Beschäftigten im öffentlichen Dienst für höhere Ausgaben verknüpft mit der für verschiedene westeuropäische Länder empirisch vielfach beobachteten Tatsache, daß diese Bevölkerungsgruppe bei Wahlen zu lokalen, regionalen und auch nationalen Parlamenten eine signifikant höhere Beteiligung zeigt als der Durchschnitt der wahlberechtigten Einwohner.[1] Damit konnte eine Kennziffer gebildet werden, in welcher die gruppenspezifisch unterschiedlich hohe Wahlbeteiligung und der Anteil der Beschäftigten im öffentlichen Dienst an den Gesamtbeschäftigten miteinander kombiniert werden (vgl. Abschnitt D. III. 2. e). Die Hypothese lautet dabei: Je höher die Wahlbeteiligung der Angehörigen der öffentlichen Verwaltung im Ver-

1 Vgl. z. B. Bennett und Orzechowski [1983], Frey und Pommerehne [1982] sowie Jaarsma et al. [1985].

gleich zum Rest der Wahlberechtigten und je höher ihr Anteil an der Gesamtbeschäftigung in einer Gemeinde sind, um so höher sind auch die Ausgaben.

b. Politische Parteien

In einer Reihe von empirischen Untersuchungen konnte gezeigt werden, daß Umfang und Zusammensetzung der Gemeindeausgaben auch von den Mehrheitsverhältnissen im Kommunalparlament bestimmt werden.[1] Danach neigen eher links einzuordnende politische Parteien tendenziell offenbar zu insgesamt höheren Ausgaben und geben dabei vor allem Ausgaben für soziale Zwecke den Vorrang. Eher rechts einzuordnende Parteien befürworten hingegen tendenziell niedrigere Ausgaben, geben dabei aber den Ausgaben für öffentliche Sicherheit und für Wirtschaftsförderung den Vorrang vor Ausgaben für soziale Zwecke. Es soll geprüft werden, ob auch für die hier untersuchten Gemeinden die in den Parlamenten vertretenen großen Parteien typische Präferenzen für den Umfang des kommunalen Leistungsangebots haben und dem in Wahlprogrammen und politischem Handeln auch Ausdruck geben. Diese unterschiedliche Ausrichtung der Parteien kann dabei durchaus als Ergebnis von aggregierten Wählerpräferenzen aufgefaßt werden. Die Vorstellung von einem repräsentativen Nachfrager nach kommunalen Leistungen wird damit also nicht aufgegeben. Wohl aber wird konzediert, daß der politische Prozeß stärker institutionalisiert sein kann, als in den Nachfragemodellen zunächst unterstellt wird.

---

[1] Boyne [1987], der selbst entsprechende empirische Ergebnisse vorgelegt hat (vgl. Abschnitt C. III), weist darauf hin, daß der systematische Einfluß von politischen Mehrheiten auf die Ausgaben von Gemeinden zu den für England am besten gesicherten Ergebnissen der empirischen Forschung gehört. Vgl. dazu z. B. auch Alt [1971] und Ashford et al. [1976] für englische Gemeinden. Keine Bestätigung für diese Zusammenhänge fanden hingegen Moesen und Vanneste [1987] sowie Pommerehne [1978] für schweizerische Gemeinden und Fried [1976] für 53 deutsche Großstädte.

c. Finanzzuweisungen

Die Zuweisungen von Bund und Land sind für die Gemeinden eine wichtige Einnahmequelle. Im Jahr 1983 machten sie knapp 30 vH der Einnahmen aus (vgl. Tabelle 2). Weil sie sich unmittelbar auf die den Gemeinden zur Verfügung stehenden Finanzmittel auswirken, kann erwartet werden, daß Veränderungen bei den Finanzzuweisungen und bei den Ausgaben der Gemeinden stets gleichgerichtet sein werden.

Im Gegensatz zu der im vorigen Kapitel (Abschnitt C. I) entwickelten Grundstruktur eines Nachfragemodells, wo die Zuweisungen in den Modellzusammenhang unmittelbar eingeordnet wurden, konnten sie hier nur als zusätzliche, ad hoc eingeführte Variable berücksichtigt werden. Dies hat seinen Grund in der Art der jeweils betrachteten Zuweisungen. So gehen allgemeine Zuweisungen, die dort mit der Einkommens-Zuweisungsrestriktion erfaßt werden, hier nicht in die Schätzung ein; sie können den einzelnen, hier untersuchten Aufgabenbereichen anteilig nicht zugerechnet werden. Vielmehr wurden nur die zweckgebundenen Zuweisungen, d.h. die Investitionszuweisungen und Zuweisungen für laufende Zwecke, einbezogen. Diese Zuweisungen wie in dem vorgenannten Modell in Form einer Preiskomponente zu berücksichtigen, war ebenfalls nicht möglich. Denn im Gegensatz zu den meisten anderen Ländern sind in der Bundesrepublik nahezu alle Zweckzuweisungen an die Gemeinden insofern limitiert, als eine garantierte prozentuale Beteiligung an den jeweiligen Ausgaben der Gemeinde, und zwar unabhängig von der Höhe, so gut wie nie vorgesehen ist. Lediglich bestimmte Zuweisungen für laufende Zwecke bilden hier eine Ausnahme [vgl. Gläser, 1981, S. 302-328; Pross, 1982, S. 195]. Wegen ihres geringen Umfangs erschien es jedoch nicht gerechtfertigt, sie in dem Modell für die Bundesrepublik als eine eigene Kategorie von Zuweisungen zu erfassen. Zweifellos kann so dem Einfluß der Finanzzuweisungen auf die Ausgaben der Gemeinden nur unvollkommen Rechnung getragen werden. Gleichwohl erscheint es sinnvoll, die Zuweisungen als zusätzliche unabhängige Variable in den Schätzansatz aufzunehmen. Zwar kann damit eine Aussage im Sinne des nachfrageorientierten Modellansatzes explizit nicht getestet werden. Es werden aber Verzerrungen der Schätzergebnisse verringert, die bei völliger Vernachlässigung des Einflusses der Zuweisungen hätten auftreten können.

d. Bevölkerungsveränderung

Neben dem Stand der Bevölkerung kann sich auch die relative Änderung der Einwohnerzahl - über eine Reihe von Jahren betrachtet - auf die Ausgaben der Gemeinden auswirken. Dies dürfte vor allem für Zeitreihenanalysen eine Rolle spielen, hat aber auch für die hier durchgeführte Querschnittsuntersuchung Bedeutung, wo solche Veränderungen im Sinne des Modellansatzes als Ungleichgewichtssituationen interpretiert werden können, denen es mit Hilfe einer zusätzlichen Variablen Rechnung zu tragen gilt.

Vor allem trifft dies wohl auf die Ausgaben für Infrastruktureinrichtungen zu. Mit sinkender Bevölkerungszahl verringert sich im allgemeinen auch die Zahl der Nutzer dieser Einrichtungen. Werden diese nicht einfach geschlossen sondern weiter betrieben, macht die Unterauslastung häufig erhöhte Zuschüsse zu den Betriebskosten notwendig. In der Jahresrechnung schlagen diese sich dann als steigende Ausgaben pro Kopf nieder. In Gemeinden mit ausgeprägter Bevölkerungsabnahme können daher höhere Ausgaben erwartet werden, als in denen mit unverändertem Bevölkerungsstand. Umgekehrt kann in Zuwanderungsgemeinden mit niedrigeren Ausgaben gerechnet werden, wenn Kapazitätsengpässe bei der vorhandenen Infrastruktur auftreten, aufgrund von Verzögerungen im politischen Willensbildungsprozeß die erhöhte Nachfrage der Zugezogenen nach kommunalen Gütern aber erst nach einiger Zeit wirksam wird.

4. Hypothesen über den Einfluß der Bestimmungsfaktoren auf die Ausgaben

In dem oben entwickelten Modell werden Umfang und Zusammensetzung des kommunalen Leistungsangebots als Ergebnis von politischen Entscheidungen aufgefaßt, denen individuelle Präferenzen der Nachfrager zugrundeliegen. Von den Einkommens- und den Preiselastizitäten der Nachfrage wird dabei vermutet, daß sie dem Vorzeichen nach denen auf privaten Märkten entsprechen. Ziel dieser Studie war es jedoch, Bestimmungsfaktoren der Ausgaben und nicht der Leistungserstellung zu identifizieren. Dazu war die aus dem Modell abgeleitete Nachfragegleichung entsprechend umzuformen.[1] Als die beiden zentralen Hypothesen dieser Studie folgen dann:

Hypothese 1: Je höher die privaten Einkommen in einer Gemeinde, desto höher die Kommunalausgaben pro Einwohner.

Hypothese 2: Je höher der Preis für ein Gut, das die Gemeinde bereitstellt, um so niedriger die Ausgaben pro Einwohner für dieses Gut.

Dieser Preis ist ein Steuerpreis, der bestimmt wird durch den Kostenpreis (die Bereitstellungskosten pro Einheit), den Steuerlastanteil und die Einwohnerzahl (vgl. Abschnitt D. II. 1). Die Hypothese 2 wird daher folgendermaßen präzisiert:

Hypothese 3: Je höher die Bereitstellungskosten eines Gutes, um so geringer die Ausgaben pro Einwohner für dieses Gut.

Hypothese 4: Je höher der Steuerlastanteil, um so geringer die Ausgaben pro Einwohner.

Über die dritte Komponente des Steuerpreises kann hingegen a priori nichts ausgesagt werden. Denn ob die Pro-Kopf-Ausgaben mit zunehmender Einwohnerzahl steigen oder sinken, hängt u. a. von zwei Faktoren ab, von der Existenz von Skalenerträgen in der Produktion sowie dem Grad der Konsumrivalität:[2] Wenn die Gemeinden bei zunehmender Einwohnerzahl kostengünstigere Techniken zur Bereitstellung von Gütern und Dienstleistungen einsetzen können, sinken die Ausgaben pro Kopf. Es ist aber auch möglich, daß die Kosten pro Einheit Leistung bei höheren Einwohnerzahlen - etwa wegen dann höherer Faktorkosten - zunehmen. Diese Zusammenhänge sind jedoch nur dann so eindeutig, wenn es sich bei dem betreffenden Gut um ein privates Gut, d. h. eines mit vollständiger Konsumrivalität handelt. Ist das nicht der Fall, kann die Bevölkerung, und damit auch die Zahl der Nachfrager des Gutes zunehmen, ohne daß sich die angebotene Menge und damit auch die Ausgaben pro Kopf erhöhen müssen, um die Nachfrage zu befriedigen.

---

[1] Die Schätzgleichung für die Gemeindeausgaben wird in Abschnitt D. III. 1 abgeleitet. Grundsätzlich zu den Problemen bei der Messung des Outputs im öffentlichen Sektor und den Möglichkeiten, Näherungsgrößen zu verwenden, vergleiche Bahl et al. [1980, S. 83]; vgl. auch die Abschnitte B. II. 3 und B. III. 1.

[2] Der Einfluß, den Ungleichgewichtssituationen auf die Ausgaben haben können, wie sie später mit der Variablen "Bevölkerungsveränderung" berücksichtigt werden, bleibt zunächst unberücksichtigt.

Zwischen den Variablen, die zusätzlich zu denen des Grundmodells geprüft wurden, und den Ausgaben werden folgende Zusammenhänge erwartet:

Hypothese 5: Je höher die Zahl der Gemeindebediensteten unter den wählenden Einwohnern in einer Gemeinde, um so höher die Ausgaben pro Einwohner.

Hypothese 6: In Gemeinden mit traditionell eher "links" einzuordnenden politischen Mehrheiten im Kommunalparlament sind die Ausgaben pro Einwohner höher als in solchen mit eher "rechts" einzuordnenden Mehrheiten.

Hypothese 7: Je höher die Finanzzuweisungen pro Einwohner für einen bestimmten Aufgabenbereich, desto höher die Ausgaben pro Einwohner.

Hypothese 8: Je stärker die mittelfristige Bevölkerungsabnahme in einer Gemeinde, um so höher die Ausgaben pro Einwohner, und umgekehrt.

Die Hypothesen 1-8 sind zunächst unabhängig davon formuliert worden, welche Gruppen von Gemeinden und welche Aufgabenbereiche man betrachtet. Einige weitere Hypothesen können gebildet werden, wenn bestimmte Bereiche bzw. Gemeindegruppen für sich untersucht werden. So können einzelne Bereiche des kommunalen Leistungsspektrums danach unterschieden werden, in welchem Maß die jeweiligen Angebots- und Nachfragebedingungen den im Modell unterstellten Bedingungen entsprechen. Auf der Nachfrageseite betrifft das die Analogie zum Konsum von Gütern, die auf privaten Märkten angeboten werden. Auf der Angebotsseite spielt eine Rolle, inwieweit die Gemeinden über die Bereitstellung von Leistungen eigenständig entscheiden können. Nach dem Grad der Einflußnahme auf die gemeindliche Aufgabenerfüllung können hier drei Typen von Kommunalaufgaben unterschieden werden [vgl. Schmidt-Jortzig, 1982, S. 159 ff; Postlep, 1985, S. 233 ff.]:

- "Auftragsangelegenheiten" bzw. "Pflichtaufgaben zur Erfüllung nach Weisung": Sie werden von Gemeinden wahrgenommen, wenn ihnen Länderfunktionen übertragen werden oder wenn es ein "überörtliches Interesse" daran gibt, daß bestimmte Gemeindeaufgaben einheitlich durchgeführt werden.
- "Pflichtige Selbstverwaltungsaufgaben": Hier sind die Gemeinden zwar grundsätzlich verpflichtet, die Aufgaben zu erfüllen, es bestehen aber in gewissem Umfang kommunale Entscheidungsspielräume in bezug darauf, wie die Aufgaben wahrgenommen werden.

- "Freiwillige Selbstverwaltungsaufgaben": Die Gemeinden können hier weitgehend selbst entscheiden, ob und wie sie die Aufgaben wahrnehmen.

Die Auftragsangelegenheiten bzw. die Pflichtaufgaben nach Weisung müssen nach Vorschrift erfüllt werden, häufig ist damit aber auch ein gewisser fiskalischer Ausgleichsanspruch, etwa in Form von Finanzzuweisungen, verbunden. Die Zuweisungen richten sich meist nach sogenannten Bedarfskriterien; interkommunale Ausgabenunterschiede ergeben sich bei den Pflichtaufgaben daher stets mehr oder weniger zwangsläufig, in erster Linie durch die unterschiedliche Ausprägung der Bedarfskriterien. Allerdings können sich Ausgabenunterschiede auch aufgrund unterschiedlicher Inputpreise (Grundstücks- und Mietpreise, Lebenshaltungskosten) ergeben. Anders stellt sich die Situation bei den "pflichtigen" und den "freiwilligen Selbstverwaltungsaufgaben" dar. Bei beiden ist der Entscheidungsspielraum der Gemeinden wesentlich größer als bei den Pflichtaufgaben. Die Gemeinden können hier über die Aufgabenerfüllung nach Art, Menge und Qualität vergleichsweise eigenständig entscheiden.[1]

Zusätzlich zu diesem Kriterium auf der Angebotsseite war auf der Nachfrageseite zu berücksichtigen, daß nicht auf alle Aufgabenbereiche, in denen die Gemeinden weitgehend selbständig tätig werden können, die unterstellte Analogie zum Konsum auf privaten Märkten in gleichem Maße zutrifft. Insbesondere in Bereichen, die der Verwaltungstätigkeit zuzuordnen sind und die für den einzelnen Einwohner in der Regel nicht in Erscheinung treten, kann eine solche Analogie wohl kaum angenommen werden.[2] Anders ist es in Bereichen, in denen eine individuelle Konsumentscheidung grundsätzlich möglich ist (Besuch von Museen, Sportstät-

---

[1] Für die eigenverantwortliche Aufgabenerfüllung ist auch von Bedeutung, in welchem Maße den Gemeinden Finanzmittel zur Verfügung stehen, über die sie selbständig verfügen können. Die näherungsweise für die einzelnen Aufgabenbereiche berechneten Kennziffern zeigten jedoch keine großen Unterschiede. Der Grund dafür ist, daß in die Berechnung nur die zweckgebundenen, nicht aber die allgemeinen Zuweisungen einbezogen werden konnten (vgl. Abschnitt D. II. 3. c). Eine Aussage über Unterschiede in der Finanzierungsautonomie für die einzelnen Bereiche war für die Untersuchungsgemeinden daher nicht möglich.

[2] Beispiele hierfür sind die Hilfsbetriebe der Verwaltung, land- und forstwirtschaftliche Unternehmen, allgemeines Grund- und allgemeines Sondervermögen.

ten) bzw. für deren Output es Substitute auf privaten Märkten gibt (Konzerte, Verkehrsunternehmen, Kur- und Badebetriebe, Kindergärten u.ä.); hier kann eine Analogie eher erwartet werden.

Legt man zur Abgrenzung der kommunalen Aufgabenbereiche diese beiden Kriterien (Analogie zum Konsum auf privaten Märkten, selbständige kommunale Aufgabenerfüllung) zugrunde, können innerhalb des gesamten kommunalen Leistungsspektrums zwei Aufgabengruppen unterschieden werden: Für den einen Teil (Gruppe A) kann vermutet werden, daß der im Modell unterstellte Entscheidungsprozeß die Realität vergleichsweise gut beschreibt.[1]

Für den zweiten Teil (Gruppe B) der zusammengefaßten kommunalen Aufgabenbereiche kann hingegen erwartet werden, daß die Präferenzen der Einwohner für die Bestimmung des kommunalen Aktivitäts- und damit auch des Ausgabenniveaus eine vergleichsweise geringe Rolle spielen. Entsprechend werden als Abgrenzungskriterien für die Aufgabengruppen A und B herangezogen:

	Gruppe A	Gruppe B
Analogie zum Konsum auf privaten Märkten	ja	nein
selbständige Aufgabenerfüllung	ja	nein

Aus diesen Zusammenhängen kann als Hypothese für die empirische Schätzung abgeleitet werden:

Hypothese 9: Die Ausgaben der Aufgabengruppe A werden durch die Variablen des Schätzansatzes besser erklärt als die Ausgaben der Gruppe B.

Nicht nur für bestimmte Aufgabenbereiche, sondern auch für verschiedene Gruppen von Gemeinden können Unterschiede im Erklärungsgehalt des Schätzansatzes wie auch in der Bedeutung einzelner Variabler vermutet werden. Nach den im vorigen Kapitel diskutierten Ergebnissen anderer empirischer Untersuchungen gilt dies vor allem dann, wenn die Gemeinden im Hinblick auf die Ausgestaltung der politisch-institutionellen

---

[1] Für die einzelnen Aufgabenbereiche, die entsprechend den beiden Kriterien den Gruppen A bzw. B zugeordnet worden sind, vgl. Anhang I. Im Durchschnitt der untersuchten Gemeinden entfällt auf die in der Gruppe A zusammengefaßten Bereiche rund ein Viertel der gesamten Ausgaben.

Rahmenbedingungen bei Ausgabenentscheidungen differieren (vgl. Abschnitt C. III). So kann vermutet werden, daß die im Modell unterstellten Zusammenhänge am ehesten auf vergleichsweise kleine Gemeinden zutreffen, weniger jedoch auf größere Gemeinden und Großstädte. Denn in kleineren Gemeinden sind die zur Entscheidung anstehenden Ausgabenentscheidungen tendenziell stärker auf die Lebenssituation der Einwohner bezogen, und für einen repräsentativen Einwohner, wie etwa den Medianwähler, könnte die Möglichkeit, sich mit politischen Willensäußerungen Gehör zu verschaffen, hier eher gegeben sein als in großen Städten:

Hypothese 10: Die Ausgaben der kleinen Gemeinden (20000-50000 Einwohner) werden durch die Variablen des Schätzansatzes besser erklärt als die Ausgaben der übrigen Städte und Gemeinden.

Die hier formulierten Hypothesen 1-10 werden in den beiden folgenden Abschnitten getestet. Dazu werden zunächst die Schätzgleichungen abgeleitet, und es wird dargelegt, wie die Variablen operationalisiert worden sind.

III. Empirische Schätzungen

1. Ableitung der Schätzgleichungen

Geschätzt wurde der Einfluß der potentiellen Bestimmungsfaktoren auf die Ausgaben der Gemeinden. Aus der in Abschnitt D. II. 1 abgeleiteten Gleichung [15] für die insgesamt nachgefragte Menge eines kommunalen Gutes

$$[15] \qquad X = zY_i^{\alpha}\tau_i^{\beta}W^{\beta}n^{\delta(\beta+1)}$$

ergibt sich durch Multiplikation mit den Bereitstellungskosten (W) für die Ausgaben:

$$[16] \qquad E = X \cdot W = zY_i^{\alpha}\tau_i^{\beta}W^{\beta+1}n^{\delta(\beta+1)}.$$

Für die Ausgaben pro Kopf folgt daraus

$$[17] \qquad e = E/n = zY_i^{\alpha}\tau_i^{\beta}W^{\beta+1}n^{\delta(\beta+1)-1}.$$

Die Gleichung wird logarithmiert, so daß die Koeffizienten des dann linearen Ansatzes als Elastizitäten interpretiert werden können [vgl. z. B. Garus, Westerheide, 1985, S. 97]:

$$[18] \qquad \ln e = \ln z + \alpha \ln Y_i + \beta \ln \tau_i + (\beta+1)\ln W + [\delta(\beta+1)-1]\ln n$$

Für die empirische Schätzung wurde Gleichung [18] umgeformt zu

$$[19] \qquad \ln EXP = CONST + a_1 \ln INC + a_2 \ln TAX + a_3 \ln WAG + a_4 \ln POP + \epsilon,$$

mit $CONST = \ln z$

$a_1 = \alpha$

$a_2 = \beta$

$a_3 = \beta+1$

$a_4 = \delta(\beta+1)-1$

sowie ϵ als einer normalverteilten Störvariablen mit dem Erwartungswert Null und einer konstanten endlichen Varianz. Diese Schätzgleichung enthält somit neben den Pro-Kopf-Ausgaben (EXP) als abhängiger Variabler folgende unabhängige Variable:

- das Einkommen des repräsentativen Einwohners (INC),
- den Steuerlastanteil des repräsentativen Einwohners (TAX),
- die Bereitstellungskosten des Gutes (WAG),
- die Einwohnerzahl (POP). [1]

Ergänzt um die zusätzlich eingeführten unabhängigen Variablen

- Finanzzuweisungen pro Einwohner (GRAPK),
- Einfluß der öffentlichen Verwaltung (BUE) sowie
- langfristige Veränderung des Bevölkerungsstandes (VRBEV)

lautet die Schätzgleichung für das allgemeine Nachfragemodell

---

[1] Diese Umformung stellt insofern eine Vereinfachung dar, als nunmehr eine lineare Schätzung der Koeffizienten a_1 bis a_4 möglich ist. Damit wurde darauf verzichtet, separat auch den Koeffizienten δ als Maß für den Grad der Konsumrivalität zu schätzen; er ist in a_4 enthalten. Dies erscheint vertretbar angesichts der erheblichen Schwierigkeiten bei der Interpretation des Koeffizienten (vgl. dazu auch Borcherding und Deacon [1972, S. 900], Romer und Rosenthal [1979, S. 151] sowie Mueller [1979, S. 109]).

[20.1] $$\ln EXP = CONST + a_1^1 \ln INC1 + a_2^1 \ln TAX1 + a_3^1 \ln WAG + a_4^1 \ln POP + a_5^1 \ln GRAPK + a_6^1 \ln BUE + a_7^1 \ln VRBEV + \epsilon_1 .$$

Darin gilt als repräsentativer Einwohner der mit dem durchschnittlichen Einkommen (INC1) und dem durchschnittlichen Steuerlastanteil (TAX1). Die Schätzgleichung für das Medianwählermodell lautet

[20.2] $$\ln EXP = CONST + a_1^2 \ln INC2 + a_2^2 \ln TAX2 + a_3^2 \ln WAG + a_4^2 \ln POP + a_5^2 \ln GRAPK + a_6^2 \ln BUE + a_7^2 \ln VRBEV + \epsilon_2 ,$$

mit INC2 als dem Einkommen und TAX2 als dem Steuerlastanteil des Medianwählers.

2. Operationalisierung der Variablen

a. Ausgaben der Gemeinden und Finanzzuweisungen

Die Daten für die Ausgaben der Gemeinden und für die Zuweisungen, die diese vom Land bzw. Bund erhalten haben, wurden für das Jahr 1983, das Referenzjahr der Studie, der kommunalen Finanzstatistik (Jahresrechnung) entnommen. Für jede Untersuchungsgemeinde standen die bereinigten Gesamtausgaben zur Verfügung, ebenso wie die zweckgebundenen Zuweisungen, und zwar unterschieden nach den Einzelplänen und Abschnitten des bundeseinheitlichen Gliederungsplans für die Finanzstatistik.[1] Um die Schätzungen für die Aufgabengruppen A bzw. B durchzuführen, wurden die Daten für Ausgaben und Finanzzuweisungen der jeweils zugehörigen Einzelpläne aggregiert.

Eine darüber hinausgehende Trennung der einzelnen funktionalen Ausgabenpositionen nach der laufenden Rechnung (Verwaltungshaushalt) und der Kapitalrechnung (Vermögenshaushalt) war mit den zur Verfügung stehenden Daten indessen nicht möglich. Diese beiden Ausgabenkategorien getrennt zu untersuchen oder sich auf die Ausgaben des Verwaltungshaushalts zu beschränken, kann in Querschnittsuntersuchungen

---

[1] Zu den Einzelplänen und Abschnitten vgl. Anhang I.

angezeigt sein, wenn vermieden werden soll, daß mögliche Sondereinflüsse auf die Ausgaben im gewählten Untersuchungsjahr, etwa wegen größerer Investitionsvorhaben, in der Analyse zu großes Gewicht erhalten. Bahl et al. [1980, S. 88] haben allerdings darauf hingewiesen, daß dies wegen der vielfältigen Interdependenzen zwischen Verwaltungs- und Vermögenshaushalt so kaum erreicht werden kann. Besser wäre es, mehrjährige Durchschnitte der Ausgaben zu bilden; dies war mit den zur Verfügung stehenden Daten jedoch nicht möglich.

Die Daten für die Ausgaben und die Zuweisungen aus der Finanzstatistik wurden für die empirische Untersuchung auf Pro-Kopf-Werte umgerechnet. Dazu wurden die Angaben über die Einwohnerzahl in jeder Gemeinde für die Jahresmitte 1983 aus Veröffentlichungen des Statistischen Bundesamtes ermittelt. [1]

b. Private Einkommen

Für 1983 wurden für jede Gemeinde die Angaben über den Gesamtbetrag der Einkünfte der Einwohner einer speziellen Auswertung der Statistischen Landesämter von Daten der Einkommensteuerstatistik entnommen, der "Einheitlichen Schichtung der Lohn- und Einkommensteuerpflichtigen". Der Gesamtbetrag der Einkünfte und die Zahl der Steuerpflichtigen sind dort für neun Größenklassen des "Gesamtbetrags der Einkünfte" ausgewiesen. Außer einem Durchschnittswert, d.h. dem Einkommen des durchschnittlichen Einwohners, konnte daher näherungsweise für jede Gemeinde auch das Einkommen des Mediansteuerpflichtigen ermittelt werden.

Wollte man dieses Einkommen für jede Gemeinde exakt bestimmen, müßte bekannt sein, wie hoch das Einkommen jedes Steuerpflichtigen im Untersuchungsjahr war. Angaben über die Höhe der individuellen Einkommen und der gezahlten Steuer werden zwar für die Zwecke der Lohn- und Einkommensteuerstatistik erhoben, aus Gründen des Datenschutzes sind sie aber nicht zugänglich. Das Einkommen des Mediansteuerpflich-

---

[1] Entsprechende Werte liegen für jede Gemeinde vor [vgl. Statistisches Bundesamt, a]. Auch die relative Veränderung der Bevölkerung in den Jahren 1975-1982, die als eine zusätzliche Variable in die Schätzung einging, wurde aus dieser Quelle ermittelt.

tigen (G') wurde daher, ebenso wie das Einkommen des Einwohners mit der durchschnittlichen Steuerlast ($\bar{G}$), für jede Gemeinde aus den für Gruppen von Steuerpflichtigen publizierten Daten näherungsweise bestimmt.[1] Beide Größen beziehen sich zunächst auf den Gesamtbetrag der Einkünfte, also auf die individuellen Bruttoeinkommen. Unter den im Modell gemachten Annahmen ist jedoch nur der Teil dieses Einkommens maßgeblich für die individuellen Konsumentscheidungen, der dem Einzelnen nach Abzug der Steueranteile von Bund und Land verbleibt. Aus den Bruttowerten G' bzw. $\bar{G}$ wurden daher näherungsweise "bereinigte Bruttoeinkommen" ($\bar{G}_n$ bzw. G'_n) bestimmt, welche das verfügbare private Nettoeinkommen und den jeweiligen Gemeindeanteil an der Einkommensteuer enthalten. Für die empirische Schätzung standen somit für jede Gemeinde ein Wert für das Einkommen des Durchschnitts- und des Medianeinkommensbeziehers zur Verfügung.

c. Steuerlastanteil

Der Steuerlastanteil wurde entsprechend der Annahme 6 für die Einkommensteuerschuld der Steuerpflichtigen in der Gemeinde ermittelt (vgl. Abschnitt D. II. 2). Wie bei der Berechnung von Median- und Durchschnittseinkommen wurde auch hier berücksichtigt, daß jede Gemeinde nur einen bestimmten Teil des örtlichen Aufkommens an der Einkommensteuer erhält. Dazu wurden der Steuerlastanteil für den Mediansteuerpflichtigen bzw. für den Einwohner mit der durchschnittlichen Steuerlast entsprechend modifiziert.

Darüber hinaus wurde bei der Ermittlung der beiden Größen der Tatsache Rechnung getragen, daß die Einnahmen der Gemeinden aus der Einkommensteuer nur einen Teil der gesamten Steuereinnahmen ausmachen. Dazu wurde die jeweilige Steuerschuld des Steuerpflichtigen mit dem Durchschnitts- bzw. dem Medianeinkommen auf die Summe aus dem

---

[1] Zur Berechnung der gemeindespezifischen Durchschnitts- und Medianeinkommen vgl. Anhang II. Im Durchschnitt aller untersuchten Gemeinden lagen diese Werte bei 32789 DM/Jahr für das Durchschnittseinkommen und 28653 DM/Jahr für das Medianeinkommen, bei einer Standardabweichung von 2,940 bzw. 2,331.

Aufkommen der Grundsteuern, der Gewerbesteuer (netto) und des Gemeindeanteils an der Einkommensteuer bezogen.[1]

d. Bereitstellungskosten

Da für alle Gemeinden ein einheitlicher Zinssatz angenommen wurde (vgl. Annahme 3 auf S. 74), konnten die Bereitstellungskosten ausschließlich als eine Funktion des Lohnsatzes aufgefaßt werden. Dieser wurde für jede Gemeinde berechnet als Quotient aus den im jeweiligen Untersuchungsjahr angefallenen Personalausgaben und der Zahl der Gemeindebeschäftigten. Die Personalausgaben wurden der kommunalen Finanzstatistik entnommen, die Zahl der Beschäftigten der Personalstatistik, wobei Teilzeitbeschäftigte entsprechend ihrem Anteil an der vollen Arbeitszeit (ein bzw. zwei Drittel) berücksichtigt wurden. Der auf diese Weise für jede Gemeinde bestimmte Lohnsatz wurde zusätzlich mit dem Anteil der Personalausgaben an den Gesamtausgaben in den kommunalen Aufgabenbereichen (Gruppe A bzw. B) gewichtet. Während somit unterstellt wurde, daß der jeweilige gemeindespezifische Lohnsatz für die Gruppen A und B gleich ist, konnte näherungsweise berücksichtigt werden, welchen Anteil der Faktor Arbeit am gesamten Input der jeweiligen Gruppe aufweist.[2] Aus diesen Überlegungen ergab sich die Variable W als Meßgröße für die Bereitstellungskosten als

$$W = w^{\mu} ,$$

$$\text{mit } w = \frac{\text{Personalausgaben insgesamt}}{\text{Personalstand insgesamt}}$$

$$\mu = \frac{\text{Personalausgaben in Aufgabengruppen A, B}}{\text{Gesamtausgaben in Aufgabengruppen A, B}} ,$$

wobei nach Gleichung [10] gilt: $W = C_x/a'$ (vgl. Abschnitt D. II. 1).

---

[1] Zu den Einzelheiten der Berechnung vgl. Anhang II.

[2] Vgl. dazu auch Borcherding und Deacon [1972, S. 894] und Pross [1982, S. 192].

e. Einfluß der öffentlichen Verwaltung

Borcherding et al. [1977] folgend, wurde dem vermuteten überproportionalen Einfluß der im öffentlichen Sektor Beschäftigten bei Kommunalwahlen durch eine Variable Rechnung getragen, mit deren Hilfe gleichzeitig der Anteil der Beschäftigten im öffentlichen Dienst und ihre im Vergleich zu den übrigen Wählergruppen häufig höhere Wahlbeteiligung erfaßt werden. Danach ist der Einfluß der öffentlichen Verwaltung um so größer, je größer der Unterschied in der gruppenspezifischen Wahlbeteiligung ausfällt und je höher der Anteil der Beschäftigten im öffentlichen Dienst ist [vgl. Borcherding et al., 1977, S. 219]:

$$BUE = \frac{1}{1 + \frac{V_{NB}}{V_B} \left(\frac{1}{P_j} - 1\right)}$$

mit V_B = durchschnittliche Wahlbeteiligung der Angehörigen des öffentlichen Dienstes,

V_{NB} = durchschnittliche Wahlbeteiligung der übrigen Wählergruppen,

P_j = Anteil der Beschäftigten im öffentlichen Dienst (nicht nur bei Gemeinden) an den insgesamt Beschäftigten in jeder Gemeinde.

Über Unterschiede in der Wahlbeteiligung zwischen Angehörigen des öffentlichen Dienstes und der übrigen Bevölkerung gibt es - zumindest für die Bundesrepublik Deutschland - keine empirischen Untersuchungen. Dieses Phänomen ist allerdings wiederholt für die USA und die Niederlande untersucht worden.[1] Die Vermutung, daß sich die Angehörigen der öffentlichen Verwaltung vergleichsweise stärker an Wahlen beteiligen, wird durch die Ergebnisse dieser Studien gestützt.

Auf deutsche Verhältnisse lassen sich am ehesten die Ergebnisse von Jaarsma et al. [1985] übertragen, die sich auf die gruppenspezifische Beteiligung an den Parlamentswahlen in den Niederlanden im Zeitraum 1975-1982 beziehen. Während die Beteiligung von Angehörigen des

---

[1] Vgl. dazu außer Borcherding et al. [1977] auch Wolfinger und Rosenstone [1980], Bennett und Orzechowski [1983] sowie Jaarsma et al. [1985].

öffentlichen Dienstes im Durchschnitt bei 93,5 vH lag, betrug sie für alle übrigen Gruppen (Angestellte bzw. Arbeiter im privaten Sektor, Selbständige, Hausfrauen, Arbeitslose, Rentner) durchschnittlich 88,2 vH. Diese Werte wurden für die untersuchten Gemeinden zugrunde gelegt.

f. Einfluß der politischen Parteien

Im Hinblick auf die politischen Mehrheitsverhältnisse wurde vermutet, daß diese einen dauerhaften Einfluß auf die Ausgaben ausüben, wenn sich die politischen Mehrheiten über zwei Legislaturperioden nicht verändert haben. Dies war bei 264 der insgesamt 486 untersuchten Gemeinden der Fall. Für diese Gemeinden wurden Schätzungen mit einer Null-Eins-Variablen (POL) durchgeführt; POL = 1 steht dabei für eine "Linksregierung", POL = 0 für eine "Rechtsregierung".[1]

IV. Interpretation der Schätzergebnisse

1. Vorbemerkungen

Die im Abschnitt D.II.4 formulierten Hypothesen wurden in einer Reihe von Regressionsläufen für die Ausgaben der beiden zusammengefaßten Aufgabenbereiche (Gruppe A bzw. Gruppe B) überprüft.[2] Als abhängige Variable wurden die Pro-Kopf-Ausgaben verwendet, lediglich zum Vergleich wurde für einen Fall (Ausgaben der 486 Gemeinden für die Gruppe A) die Schätzung auch für die aggregierten Ausgaben durchgeführt (vgl. Tabelle A1).

Die Gemeinden wurden zunächst insgesamt, dann aber auch differenziert nach ihrem Verwaltungsstatus (Kreisfreiheit, Kreisangehörigkeit) sowie ihrer Zugehörigkeit zu einer Einwohnergrößenklasse bzw. zu einem Bundesland untersucht. Damit konnte bei der Schätzung ansatzweise Un-

---

1 Angaben über die politischen Mehrheitsverhältnisse in einzelnen Gemeinden wurden dem Statistischen Jahrbuch Deutscher Gemeinden [Deutscher Städtetag, lfd. Jgg.] entnommen.

2 Dazu wurden Kleinst-Quadrat-Schätzungen mit dem Programmpaket SPSS 9 durchgeführt.

terschieden in der Aufgabenzuständigkeit, dem Umfang der Aufgabenerfüllung und in der Ausgestaltung des kommunalen Finanzausgleichs Rechnung getragen werden.

Für jede der zu untersuchenden Gemeindegruppen und die beiden Aufgabenbereiche wurde zunächst untersucht, ob das mit der Annahme einer CD-Funktion implizierte konstante Faktoreinsatzverhältnis mit den verwendeten Daten kompatibel war. Gemäß dem in der Diskussion der Annahme entwickelten Beurteilungskriterium waren dazu die bivariaten Korrelationskoeffizienten zwischen Lohnsatz, partieller Elastizität und Output zu analysieren (vgl. Abschnitt D. II. 2). Die Ergebnisse sind in Anhang V zusammenfassend dargestellt. Demnach liegen für die meisten Gruppen von Gemeinden die bivariaten Korrelationskoeffizienten zwischen - dem Betrag nach - 0,03 und 0,29, so daß systematische Zusammenhänge zwischen Lohnsatz, partieller Elastizität und Output daher wohl auszuschließen sind. Diese Werte können als ein Anhaltspunkt dafür aufgefaßt werden, daß bei der überwiegenden Zahl der Gemeindegruppen sowie in beiden Aufgabenbereichen die verwendeten Daten zu der Annahme einer CD-Funktion nicht im Widerspruch stehen.

Lediglich für einige Teilgruppen trifft das nicht zu; dort traten vergleichsweise hohe Koeffizienten auf. Am höchsten waren sie bei den Gemeinden in Schleswig-Holstein (0,79 bei den Aufgaben der Gruppe A, 0,58 bei denen der Gruppe B). Bei den rheinland-pfälzischen Gemeinden lag der höchste Wert bei 0,59 (für die Gruppe A), in den Gemeinden des Saarlandes bei 0,43 bzw. 0,42 (für die Gruppen A bzw. B).

In Tabelle 3 sind die Ergebnisse für die Ausgaben aller 486 Gemeinden mit mehr als 20000 Einwohnern wiedergegeben (vgl. S. 105). Für die Ausgaben der beiden Aufgabengruppen A und B wurden getrennte Schätzungen durchgeführt, und für jede dieser Gruppen wurden jeweils sechs Spezifikationen getestet. Dabei steht die Spezifikation 1 für das allgemeine Nachfragemodell, wobei die Variablen "Finanzzuweisungen", "Angehörige der öffentlichen Verwaltung" sowie "Bevölkerungsveränderung" zunächst unberücksichtigt geblieben sind. Geschätzt wurde somit der Einfluß des Durchschnittseinkommens (INC1), des durchschnittlichen Steuerlastanteils (TAX1), der Bereitstellungskosten (WAG) sowie der Einwohnerzahl (POP) auf die Pro-Kopf-Ausgaben.

Für die Ausgaben der Gruppe A lieferte dies auf den ersten Blick plausible Ergebnisse: Die Koeffizienten sämtlicher unabhängiger Variabler wiesen die erwarteten Vorzeichen auf und waren im einseitigen Test mindestens auf dem 99 vH-Niveau gesichert; das bereinigte Bestimmtheitsmaß $\bar{R}^2$ betrug 0,45. Die Korrelationsanalyse für die Variablen der Schätzgleichung ergab jedoch in einem Fall einen sehr hohen bivariaten Korrelationskoeffizienten von -0,97 für die Variablen "Einwohnerzahl" (POP) und "Durchschnittlicher Steuerlastanteil" (TAX1) (Tabelle A3 in Anhang VI).

Diese hohe Multikollinearität zwischen den beiden Variablen ist in der Operationalisierung der Variablen für den Steuerlastanteil begründet (vgl. Abschnitt D.II.2.c). Für sich genommen bedeutet sie zunächst noch nicht, daß dadurch die Aussagekraft der Schätzergebnisse in Frage gestellt wird, weil der Einfluß der einzelnen Parameter der Gleichung auf die zu erklärende Variable nicht identifiziert werden kann [vgl. Rao, Miller, 1971, S. 48]. Andererseits ist diese Möglichkeit aber auch nicht auszuschließen. Einen ersten Hinweis darauf, ob dies der Fall sein könnte, liefert die sogenannte Kleinsche Faustregel über das Ausmaß und die Bedeutung der Multikollinearität [vgl. Maddala, 1977, S. 185]. Danach werden die bivariaten Korrelationskoeffizienten der beiden betroffenen unabhängigen Variablen (POP und TAX1) untereinander, die entsprechenden Koeffizienten mit der abhängigen Variablen (EXP) sowie die multiple Korrelation ($\bar{R}^2$) aller unabhängigen Variablen mit der abhängigen Variablen miteinander verglichen.

Auf mangelnde Aussagekraft der Schätzergebnisse deutet nach der Faustregel hin, wenn der bivariate Koeffizient r (POP, TAX1) höher ist als die übrigen Koeffizienten. Wie die entsprechenden Werte in den Tabellen 3 und A3 zeigen, ist dies der Fall. Mit einem Wert von (betragsmäßig) 0,97 lag der Koeffizient r (POP, TAX1) erheblich über dem multiplen Korrelationskoeffizienten ($\bar{R}^2$ = 0,67) und den beiden bivariaten Koeffizienten r (POP, EXP) = 0,45 bzw. r (TAX1, EXP) = -0,55.

Aus diesem Grund wurden von der Spezifikation 1 der Schätzgleichung zwei Kontrollversionen geschätzt. Die Spezifikation 2 enthält als unabhängige Variable das Durchschnittseinkommen, die Bereitstellungskosten und die Einwohnerzahl. Die Spezifikation 3 hingegen enthält außer dem Durchschnittseinkommen und dem Kostenpreis anstelle der Einwohnerzahl den Durchschnittssteuerlastanteil (Tabelle 3).

Im Vergleich der drei Spezifikationen zeigt sich folgendes: Die Koeffizienten und t-Werte der beiden Variablen für das Einkommen und die

Bereitstellungskosten nehmen in (2) und (3) recht ähnliche Werte an; bei dem Übergang zu (1) verändern sie sich stets nur unwesentlich. Wird eine der beiden anderen Variablen (POP, TAX1) hinzugefügt oder herausgenommen, so hat das keinen wesentlichen Einfluß.

Umgekehrt sinkt aber beim Übergang von (1) auf (2) bzw. (3) das bereinigte Bestimmtheitsmaß, und zwar stärker bei Herauslassen von TAX1 als von POP. Offenbar erklärt die Variable für den Steuerlastanteil in diesem Fall einen größeren Teil der gesamten Varianz der Ausgaben als die Einwohnerzahl. Darauf deuten auch die jeweiligen bivariaten Korrelationskoeffizienten der beiden unabhängigen Variablen mit den Ausgaben von -0,55 bzw. 0,45 hin (Tabelle A3).

Während gemessen am bereinigten Bestimmtheitsmaß die Güte der Schätzung zunimmt, wenn beide Variablen (POP und TAX1) in die Gleichung aufgenommen werden, zeigen sich beim Übergang von (2) bzw. (3) auf (1) jedoch starke Veränderungen bei Koeffizienten und t-Werten der beiden Variablen. Besonders ausgeprägt ist dies bei der Variablen "Einwohnerzahl", wo es zu einem Vorzeichenwechsel kommt. Außerdem gehen die t-Werte für beide Koeffizienten erheblich zurück.

Insgesamt gesehen scheint für die Schätzung gemäß der Spezifikation 1 ein Identifikationsproblem aufgrund von Multikollinearität zwischen den beiden Variablen "Einwohnerzahl" und "Steuerlastanteil" kaum von der Hand zu weisen. Angesichts dessen mußten in die Schätzung zusätzliche Restriktionen eingeführt werden. Dazu wurden innerhalb des ursprünglich entwickelten Modellansatzes zwei Teilmodelle unterschieden.

In dem einen Modell wird angenommen, daß die Pro-Kopf-Ausgaben ausschließlich durch das Einkommen, den Steuerlastanteil und die Bereitstellungskosten bestimmt werden. Der Parameter des Faktors "Einwohnerzahl" wird hingegen auf Null restringiert. Diesem Teilmodell entspricht die Spezifikation 3 in Tabelle 3. In der Spezifikation 4 wird zusätzlich der Einfluß der Finanzzuweisungen, der langfristigen Bevölkerungsveränderung und der Angehörigen der öffentlichen Verwaltung auf die Ausgaben berücksichtigt. Für dieses Teilmodell ist charakteristisch, daß die im Sinne des Public Choice aus dem Konsumverhalten auf privaten Märkten abgeleiteten Zusammenhänge zwischen Einkommen, relativen Preisen und der Nachfrage auf den öffentlichen Sektor übertragen werden; es wird im folgenden daher als *Public-choice-Modell* bezeichnet.

Demgegenüber wird in dem zweiten Teilmodell unterstellt, daß für die Ausgaben der Gemeinden ausschließlich die Faktoren "Einkommen", "Einwohnerzahl" und "Finanzzuweisungen" eine Rolle spielen. Ein Einfluß des Steuerlastanteils, der Bereitstellungskosten, der Bevölkerungsveränderung sowie der Angehörigen der öffentlichen Verwaltung wird hier ausgeschlossen; die entsprechenden Parameter werden auf Null restringiert (Spezifikation 5).

Das zweite Teilmodell enthält mit diesen Variablen potentielle Einflußfaktoren, die sich in den traditionellen Erklärungsansätzen für öffentliche Aufgaben häufig als bedeutsam erwiesen haben; es wird daher im folgenden als *traditionelles Modell* bezeichnet. So kann im Vergleich mit dem Public-choice-Modell geprüft werden, ob die für die Gemeindeausgaben unterstellte Analogie zu Konsumentenentscheidungen auf privaten Märkten, mit den zusätzlichen Variablen "Steuerlast" und "Bereitstellungskosten", sowie die Berücksichtigung zusätzlicher Interessengruppen (BUE) und von Ungleichgewichtssituationen (VRBEV) einen Erklärungsfortschritt bringen.

Die Spezifikation 6 in Tabelle 3 schließlich steht für das *Medianwählermodell.* Im Unterschied zu dem allgemeinen Nachfragemodell (Spezifikation 3) wird hier angenommen, daß der repräsentative Einwohner in einer Gemeinde derjenige mit dem Medianeinkommen (INC2) und dem Mediansteuerlastanteil (TAX2) ist. Weil sich das Medianwählermodell und das allgemeine Nachfragemodell nur in diesen beiden Variablen unterscheiden, wurde darauf verzichtet, analog zur Spezifikation (4), dem Public Choice-Modell in der Durchschnittsversion, auch die Ergebnisse für die Medianversion in die Tabelle aufzunehmen.[1] Zur besseren Übersicht seien die sechs Spezifikationen noch einmal zusammen aufgeführt:

(1) Allgemeines Nachfragemodell

$$lnEXP = CONST + a_1 lnINC1 + a_2 lnTAX1 + a_3 lnWAG + a_4 lnPOP$$

(2) Kontrollversion 1

$$lnEXP = CONST + a_1 lnINC1 + a_2 lnWAG + a_3 lnPOP$$

---

[1] Entsprechende Schätzungen zeigten, daß für einen Vergleich des allgemeinen Nachfragemodells mit dem Medianwählermodell auf die übrigen Variablen verzichtet werden kann (vgl. dazu auch die Spezifikationen 4 bzw. 4a in Tabelle 9).

(3) Kontrollversion 2

$$\ln EXP = CONST + a_1 \ln INC1 + a_2 \ln TAX1 + a_3 \ln WAG$$

(4) Public-choice-Modell

$$\ln EXP = CONST + a_1 \ln INC1 + a_2 \ln TAX1 + a_3 \ln WAG + a_4 \ln GRAPK + a_5 \ln BUE + a_6 \ln VRBEV$$

(5) Traditionelles Modell

$$\ln EXP = CONST + a_1 \ln INC1 + a_2 \ln POP + a_3 \ln GRAPK$$

(6) Medianwählermodell

$$\ln EXP = CONST + a_1 \ln INC2 + a_2 \ln TAX2 + a_3 \ln WAG$$

Die Überlegungen zum Einfluß der Multikollinearität zwischen den Variablen "Einwohnerzahl" und "Steuerlast" bezogen sich bislang ausschließlich auf die Gruppe der 486 Gemeinden mit über 20000 Einwohnern. Entsprechende Untersuchungen für die Teilgruppen von Gemeinden ließen vermuten, daß auch dort aufgrund von Multikollinearität zwischen diesen beiden Variablen das oben diskutierte Identifikationsproblem bei der Schätzung nicht auszuschließen war (vgl. Anhang VI, Tabellen A4-A16); Proberechnungen bestätigten dies. Deswegen wurde für diese Gemeindegruppen ebenfalls das Public-choice-Modell im Vergleich zu dem traditionellen Modell geschätzt. Im folgenden werden zunächst die Ergebnisse für alle Gemeinden zusammen diskutiert, daran anschließend die Ergebnisse für einzelne Gemeindegruppen.

2. Ergebnisse für alle Gemeinden zusammen

Für die Ausgaben der hier untersuchten 486 Gemeinden mit mehr als 20000 Einwohnern fand sich die Mehrzahl der eingangs formulierten Hypothesen bestätigt (vgl. Abschnitt D. II. 4). Insbesondere zeigte sich, daß die Schlüssel-Variablen "Einkommen", "Bereitstellungskosten" und "Steuerlast" offenbar wichtige Erklärungsfaktoren für die Ausgaben der Gemeinden sind. Mit Ausnahme der Einkommensvariablen gilt das nicht nur für die Ausgaben der Aufgabengruppe A, sondern auch für die der Gruppe B:

- So zeigte sich ein positiver Zusammenhang zwischen den privaten Einkommen in einer Gemeinde, den Finanzzuweisungen und den Kommunalausgaben (Hypothesen 1 und 7);
- ein negativer Zusammenhang konnte hingegen zwischen der individuellen Steuerbelastung sowie den Bereitstellungskosten und den Ausgaben nachgewiesen werden (Hypothesen 2, 3 und 4).

Darüber hinaus zeigte sich,

- daß die Angehörigen der öffentlichen Verwaltung bei Abstimmungen ihrer Präferenz für höhere Ausgaben der Gemeinden Gewicht verleihen können (Hypothese 5), sowie
- daß Ungleichgewichtssituationen, die aus dauerhaften Veränderungen des Bevölkerungsstandes herrühren, die Ausgaben ebenfalls beeinflussen (Hypothese 8).

Im einzelnen ergab sich für die Ausgaben der *Aufgabengruppe* A, d.h. die Aufgaben, bei denen die Analogie zum Konsum auf privaten Märkten vergleichsweise ausgeprägt ist und die Gemeinden vergleichsweise selbständig über die Bereitstellung entscheiden können, folgendes Bild (Tabelle 3): Im Public-choice-Modell (Spezifikation 4) weisen sämtliche unabhängigen Variablen das theoretisch erwartete Vorzeichen auf und sind mit einer Ausnahme auf dem 0,5-prozentigen Niveau (für den einseitigen Test) statistisch gesichert. So zeigte sich, daß die Ausgaben der Gemeinden hier mit den durchschnittlichen Einkommen (INC1) und den Finanzzuweisungen (GRAPK) unterproportional zunehmen. Ebenso konnte ein leichter ausgabensteigernder Einfluß der Angehörigen der öffentlichen Verwaltung (BUE) festgestellt werden. Steigende Bereitstellungskosten (WAG) für die kommunalen Leistungen und eine steigende durchschnittliche Steuerlast (TAX1) wirken sich hingegen ausgabenmindernd aus; das gilt auch für eine langfristige Zunahme der Bevölkerung.

Die Koeffizienten sämtlicher Variabler liegen im unelastischen Bereich; entsprechend dem ß-Gewicht ist der Einfluß der Steuerlast-Variablen mit -0,43 am höchsten, gefolgt von den Finanzzuweisungen (0,33), den Bereitstellungskosten (-0,25) und den Einkommen (0,18).[1] Vergleichsweise gering ist hingegen der Einfluß der Bürokratie-Variablen mit einem Wert von -0,07, sowie der Bevölkerungsveränderung (-0,11). Bei einem bereinigten Bestimmtheitsmaß $\bar{R}^2$ von rund 0,49 sind offenbar die

---

1 Die β-Gewichte sind nicht in der Tabelle ausgewiesen.

Tabelle 3 - Schätzergebnisse für die Bestimmungsfaktoren der Ausgaben, Aufgabengruppen A und B, für 486 Gemeinden mit über 20000 Einwohnern

Gruppe A	INC1	INC2	TAX1	TAX2	WAG	POP	GRAPK	BUE	VRBEV	CONST	$\bar{R}^2$	SF
1.	0,37502	-	-0,70094	-	-0,07233	-0,50635	-	-	-	0,29858	0,450	0,27262
	(2,596)		(11,726)		(6,825)	(7,481)				(0,197)		
2.	0,46824	-	-	-	-0,08925	0,26132	-	-	-	-1,51986	0,294	0,30882
	(2,865)				(7,504)	(13,430)				(0,892)		
3.	0,42524	-	-0,26838	-	-0,08835	-	-	-	-	-1,07476	0,387	0,28774
	(2,791)		(16,762)		(8,065)					(0,678)		
4.	0,80561	-	-0,18955	-	-0,07432	-	0,17241	0,04680	-0,08831	-4,77717	0,488	0,26319
	(5,224)		(11,189)		(7,240)		(9,133)	(2,015)	(3,012)	(3,050)		
5.	0,58541	-	-	-	-	0,13196	0,00362	-	-	-1,90562	0,378	0,28993
	(3,804)					(6,875)	(11,347)			(1,191)		
6.	-	0,13442	-	-0,27007	-0,08546	-	-	-	-	1,80136	0,396	0,28579
		(0,819)		(17,423)	(7,846)					(1,061)		

Gruppe B	INC1	INC2	TAX1	TAX2	WAG	POP	GRAPK	BUE	VRBEV	CONST	$\bar{R}^2$	SF
1.	-0,57928	-	-0,47914	-	-0,11701	-0,22968	-	-	-	10,99358	0,613	0,19458
	(5,615)		(11,302)		(8,499)	(4,823)				(10,172)		
2.	-0,52274	-	-	-	-0,12913	0,29145	-	-	-	9,86510	0,511	0,21867
	(4,514)				(8,371)	(21,775)				(8,157)		
3.	-0,56091	-	-0,28120	-	-0,12464	-	-	-	-	10,43537	0,595	0,19902
	(5,319)		(25,907)		(8,911)					(9,495)		
4.	0,10914	-	-0,22133	-	-0,10769	-	0,10519	0,03430	-0,13755	3,85491	0,706	0,16968
	(1,052)		(21,405)		(8,409)		(10,962)	(2,286)	(7,123)	(3,630)		
5.	-0,16902	-	-	-	-	0,24869	0,00165	-	-	5,99497	0,569	0,20533
	(1,514)					(19,748)	(12,006)			(5,159)		
6.	-	-0,74859	-	-0,26918	-0,11871	-	-	-	-	12,25265	0,604	0,19674
		(6,667)		(25,683)	(8,606)					(10,539)		

INC1 = Durchschnittseinkommen; INC2 = Medianeinkommen; TAX1 = Durchschnittssteuerlastanteil; TAX2 = Mediansteuerlastanteil; WAG = Kostenpreis; POP = Einwohnerzahl; GRAPK = Finanzzuweisungen pro Einwohner; BUE = Einfluß der öffentlichen Verwaltung; VRBEV = Bevölkerungsveränderung; POL = politische Mehrheit (Dummy-Variable); CONST = Konstante; $\bar{R}^2$ = bereinigtes Bestimmtheitsmaß; SF = Standardschätzfehler; t-Werte in Klammern.

fiskalischen Einflußfaktoren von ausschlaggebender Bedeutung für die Erklärung der Gemeindeausgaben. Aufschlußreich ist auch ein Vergleich der Ergebnisse für die Spezifikationen 4 und 3. Hier wird die Robustheit der geschätzten Koeffizienten für die aus dem engeren Modellzusammenhang entwickelten Variablen für Einkommen, Steuerlast und Bereitstellungskosten deutlich, wenn zusätzlich der Einfluß der ad hoc eingeführten Variablen berücksichtigt wird.

Auch in dem traditionellen Modell (Spezifikation 5) sind für die Ausgaben der Aufgabengruppe A die Koeffizienten aller unabhängigen Variablen statistisch gesichert und weisen durchgängig das erwartete Vorzeichen auf. So konnte zwischen den durchschnittlichen privaten Einkommen (INC1), der Einwohnerzahl (POP) und den Finanzzuweisungen (GRAPK) einerseits sowie den Ausgaben andererseits, jeweils ein positiver Zusammenhang festgestellt werden. Gemessen an den ß-Gewichten ist dabei der Einfluß der Finanzzuweisungen mit 0,45 am höchsten, gefolgt von der Einwohnerzahl mit 0,27 sowie den Einkommen mit 0,14.

Auch das traditionelle Modell erscheint somit grundsätzlich geeignet, die Ausgaben der Gemeinden für die Aufgabengruppe A zu erklären. Gemessen an dem bereinigten Bestimmtheitsmaß von $\bar{R}^2 = 0,38$ ist sein Erklärungsgehalt jedoch deutlich geringer als der des Public-choice-Modells. Offenbar wird in dem traditionellen Modell insofern ein unvollständiges Bild von den Bestimmungsfaktoren der Gemeindeausgaben gezeichnet. Der hohe Erklärungsgehalt der Steuerlast-Variablen und der Variablen für die Bereitstellungskosten in dem Public-choice-Modell lassen vermuten, daß insbesondere diese beiden Einflußfaktoren den Unterschied im Erklärungsgehalt der beiden Modelle verursachen.

Ein Vergleich der Ergebnisse für das allgemeine Nachfragemodell mit denen für das Medianwählermodell (Spezifikationen 3 und 6) läßt hingegen für die Ausgaben dieser Gruppe keine grundlegenden Unterschiede im Erklärungsgehalt erkennen. Zwar ist im Gegensatz zum Durchschnittseinkommen (INC1) der Koeffizient für das Medianeinkommen (INC2) statistisch nicht gesichert, alle übrigen Koeffizienten fallen jedoch sehr ähnlich aus. Auch an dem jeweiligen bereinigten Bestimmtheitsmaß sowie dem Standardfehler ist ein nennenswerter Unterschied im Erklärungsgehalt der beiden Modelle nicht abzulesen. Es gibt somit in der Aufgabengruppe A keinen Hinweis darauf, daß, wie etwa aufgrund der Untersuchungsergebnisse von Pommerehne [1978] hätte vermutet werden können, unter den Bedingungen lokaler repräsentativer Demokratie das allgemeine Nachfragemodell die Ausgaben besser erklären könnte als das Medianwählermodell (vgl. Abschnitt C. III).

Dieses Resultat steht in Übereinstimmung mit den Ergebnissen von Boyne [1987], der bei der Untersuchung englischer Gemeinden gefunden hatte, daß unter den Bedingungen repräsentativer lokaler Demokratie beide Modelle fast immer einen vergleichbaren Erklärungsgehalt aufweisen (vgl. Abschnitt C. III). Unabhängig von den jeweiligen politischen und institutionellen Rahmenbedingungen in den Gemeinden kann eine solche weitgehende Übereinstimmung ihre Ursache darin haben, daß die jeweiligen Durchschnitts- bzw. Medianwerte für das Einkommen und den Steuerlastanteil hoch miteinander korreliert sind. Dies ist auch bei den hier untersuchten Gemeinden der Fall; der bivariate Korrelationskoeffizient zwischen dem durchschnittlichen und dem Median-Steuerlastanteil beträgt 0,99 und der zwischen dem Durchschnitts- und und dem Medianeinkommen 0,86 (Tabelle A3). Für die Gruppe der 486 Gemeinden war in der empirischen Analyse somit eine Unterscheidung zwischen dem allgemeinen Nachfragemodell und dem Medianwählermodell nicht möglich.

In der *Aufgabengruppe B* sind die Ausgaben der Aufgabenbereiche zusammengefaßt, bei denen eine Analogie zum Konsum auf privaten Märkten weitgehend auszuschließen ist und die Gemeinden wenig Entscheidungsspielraum bei der Aufgabenwahrnehmung besitzen. Auch hier weisen - mit Ausnahme der privaten Einkommen - alle unabhängigen Variablen des Public-choice-Modells (Spezifikation 4) das erwartete Vorzeichen auf und sind statistisch gesichert: Steuerlast (TAX1), Bereitstellungskosten (WAG) und Bevölkerungsveränderung (VRBEV) stehen mit den Ausgaben in einem negativen Zusammenhang, Zuweisungen (GRAPK) und "Öffentliche Verwaltung" (BUE) in einem positiven; sämtliche Koeffizienten liegen im unelastischen Bereich. Gemessen am ß-Gewicht ist mit einem Wert von -0,46 - wie bereits bei den Ausgaben der Gruppe A - der Einfluß der Steuerlast-Variablen am größten; trotz der nicht unerheblichen Schwierigkeiten bei der Operationalisierung kann sie somit durchaus als ein Maß für die individuelle steuerliche Belastung des repräsentativen Einwohners aufgefaßt werden. Es folgen die Finanzzuweisungen und die Bereitstellungskosten mit Werten von 0,31 bzw. -0,22. Der ohnehin geringe Einfluß der Einkommensvariablen mit einem ß-Wert von 0,03 ist hingegen statistisch nicht gesichert. Das bereinigte Bestimmtheitsmaß $\bar{R}^2$ liegt für das Public-choice-Modell bei rund 0,71.

Wie bereits bei den Ausgaben der Gruppe A zeigt sich auch hier im Vergleich der Spezifikationen 4 und 3 die Robustheit der geschätzten Koeffizienten für die aus dem engeren Modellzusammenhang entwickelten Variablen, wenn zusätzliche Einflußfaktoren berücksichtigt werden. Eine Ausnahme bildet hier lediglich die Einkommensvariable.[1]

Auch für das traditionelle Modell (Spezifikation 5) weisen in der Aufgabengruppe B die Koeffizienten der Variablen "Einwohnerzahl" und "Zuweisungen" das erwartete positive Vorzeichen auf und sind statistisch gesichert. Gemessen am ß-Gewicht ist hier der Einfluß der Zuweisungen mit 0,60 am größten, gefolgt von der Einwohnerzahl mit 0,37. Der geringe Einfluß der Einkommensvariablen ist hingegen statistisch auch hier nicht gesichert. Mit einem bereinigten Bestimmtheitsmaß von 0,57 ist der Erklärungsgehalt wiederum deutlich geringer als der des Public-choice-Modells.

Aufschlußreich ist angesichts dessen der *Vergleich* der Ergebnisse für die beiden *Aufgabengruppen A und B.* Hier fällt zunächst die weitgehende Übereinstimmung der Ergebnisse auf: Für nahezu alle Variablen weisen die Koeffizienten des Public-choice-Modells wie auch des traditionellen Modells nicht nur das gleiche Vorzeichen auf, sondern nehmen auch ähnliche Werte an. Offenbar sind die Unterschiede in den Angebots- und Nachfragebedingungen zwischen den beiden Aufgabengruppen weit weniger bedeutsam als zunächst vermutet worden war; vielmehr können grundsätzlich für beide Aufgabengruppen die Ausgaben gut erklärt werden.

Dabei zeigt sich jedoch, daß sowohl das Public-choice-Modell als auch das traditionelle Modell offenbar besser geeignet sind, die Ausgaben der Gruppe B zu erklären als die der Gruppe A: In den Schätzungen für die Gruppe B liegt jeweils nicht nur das bereinigte Bestimmtheitsmaß deutlich höher als in denen für die Gruppe A, auch die Koeffizienten der meisten Variablen sind dort auf einem höheren Niveau statistisch gesichert. Auf den ersten Blick scheint dieses Ergebnis im Widerspruch zu der Hypothese 9 zu stehen, wo vermutet worden war, daß aufgrund der spezifischen Angebots- und Nachfragebedingungen in der Gruppe A dort

---

[1] Vgl. dazu die Diskussion auf S. 109.

der Erklärungsgehalt der Nachfragemodelle für die Ausgaben höher ausfallen würde als für die Gruppe B. Das hier festgestellte Ergebnis muß zu dieser Hypothese jedoch nicht unbedingt im Widerspruch stehen. Eine mögliche Erklärung kann vielmehr bei genauerer Betrachtung der Koeffizienten der Einkommensvariablen gefunden werden, die ja als einzige für die Ergebnisse in beiden Aufgabengruppen deutlich voneinander abweichen.

Aufschlußreich ist in diesem Zusammenhang ein Vergleich der Schätzergebnisse für das Public-choice-Modell und das traditionelle Modell mit denen für das allgemeine Nachfragemodell (Spezifikation 3). Während nämlich der Koeffizient der Einkommensvariablen in den beiden erstgenannten Modellen statistisch nicht gesichert ist, weist er in dem allgemeinen Nachfragemodell ein deutlich gesichertes negatives Vorzeichen auf. Unter den Bedingungen des allgemeinen Nachfragemodells, in dem unter anderem der Einfluß der Finanzzuweisungen unberücksichtigt geblieben ist, besteht mithin ein deutlicher negativer Zusammenhang zwischen den privaten Einkommen und den Gemeindeausgaben. Offenbar nimmt die Einkommensvariable unter den Angebots- und Nachfragebedingungen für kommunale Leistungen in der Gruppe B den Charakter eines Bedarfskriteriums an: Mit geringeren Einkommen der Einwohner werden verstärkt solche öffentlichen Leistungen angeboten, die, wie etwa bestimmte soziale und andere Versorgungsleistungen, Teil der öffentlichen Daseinsfürsorge, und als solche den Gemeinden zur weisungsgemäßen Erfüllung vorgeschrieben sind. Damit könnte auch der geringe Erklärungsgehalt der Einkommensvariablen in dem Public-choice-Modell und dem traditionellen Modell erklärt werden: Wird zusätzlich der Einfluß der Finanzzuweisungen berücksichtigt, die ja vor allem unter Ausgleichsgesichtspunkten vergeben werden, überdeckt und kompensiert dieser gewissermaßen den vorher festgestellten negativen Zusammenhang zwischen den privaten Einkommen und den Gemeindeausgaben.

Der für die Ausgaben der Gruppe B festgestellte, vergleichsweise hohe Erklärungsgehalt der Schätzungen würde somit vor allem den starken Einfluß der institutionalisierten Beziehungen im Aufgaben- und Finanzierungsverbund zwischen den Gemeinden und den übergeordneten Gebietskörperschaften widerspiegeln. Auch wenn aufgrund der hier vorliegenden Ergebnisse manches für die Plausibilität dieser Interpretation spricht, so sind diese Überlegungen durch die im Rahmen des nachfrageorientierten Erklärungsansatzes entwickelten Zusammenhänge bislang doch nur unvollkommen erfaßt. Vor allem die Operationalisierung der Einkommensvariablen und die Berücksichtigung der Finanzzuweisungen lediglich als ad hoc eingeführte Variable müssen hier als problematisch angesehen werden. Um zusätzliche Aufschlüsse über die Wirkungszusammenhänge bei den Ausgaben für die Gruppe B zu gewinnen, wäre es notwendig, beide Einflußfaktoren, auch in ihrer gegenseitigen Abhängigkeit im Modell, explizit zu berücksichtigen. Dies war im Rahmen der hier durchgeführten Untersuchung jedoch nicht möglich.

Im Gegensatz zu den Ausgaben in der Gruppe B läßt sich für die Ausgaben in der Gruppe A hingegen ein eindeutig feststellbarer Zusammenhang zwischen den Präferenzen der Gemeindeeinwohner und den Ausgaben nachweisen, wie er in dem Public-choice-Modell postuliert wird. Insofern kann auch die Hypothese 9 als bestätigt gelten. Während darüber hinaus gezeigt werden konnte, daß in beiden Aufgabengruppen sich auch die Präferenzen der Angehörigen der öffentlichen Verwaltung auf die Ausgaben der Gemeinden auswirken, ergab sich kein Hinweis darauf, daß in diesem Zusammenhang auch die politischen Mehrheiten in den Kommunalparlamenten eine Rolle spielen. Bei den zur Überprüfung dieser Hypothese durchgeführten Schätzungen konnte bei den 264 Gemeinden, für die entsprechende Daten zur Verfügung standen, ein Einfluß der Erklärungsvariablen (POL) auf die Ausgaben für keine der beiden Aufgabengruppen nachgewiesen werden (Tabelle 4).

Tabelle 4 - Schätzergebnisse für die Bestimmungsfaktoren der Ausgaben, Aufgabengruppen A und B, für 264 ausgewählte Gemeinden mit über 20000 Einwohnern

Gruppe A	INC1	TAX1	WAG	POP	POL	GRAPK	BUE	VRBEV	CONST	$\bar{R}^2$	SF
(4)	0,50608	-0,20972	-0,07719	-	0,00487	0,11311	0,02611	-0,08208	-1,64218	0,438	0,26388
	(2,681)	(9,017)	(5,236)		(0,121)	(4,553)	(0,866)	(2,118)	(0,848)		
(5)	0,34491	-	-	0,18506	-0,04896	0,14154	-	-	-0,31224	0,307	0,29309
	(1,728)			(6,930)	(1,206)	(5,149)			(0,150)		
Gruppe B											
(4)	0,03944	-0,21104	-0,08993	-	0,02767	0,11846	0,03083	-0,12035	4,50904	0,722	0,16668
	(0,314)	(14,659)	(5,092)		(1,120)	(9,400)	(1,616)	(4,911)	(3,476)		
(5)	-0,06146	-	-	0,22660	0,02586	0,15350	-	-	4,59472	0,637	0,19043
	(0,446)			(13,547)	(0,964)	(11,510)			(3,181)		

Zu den Variablen vgl. Tabelle 3.

3. Ergebnisse für einzelne Gruppen von Gemeinden

Im zweiten Schritt der Analyse wurden die Gemeinden nach dem Verwaltungsstatus, ihrer Zugehörigkeit zu einem Bundesland sowie der Einwohnergrößenklasse unterschieden. Damit wurde der Möglichkeit Rechnung getragen, daß Unterschiede in der Aufgabenzuständigkeit, wie auch im Umfang der Aufgabenerfüllung und der Ausgestaltung des kommunalen Finanzausgleichs aufgrund der Zugehörigkeit einer Gemeinde zu einer der derart abgegrenzten Gruppen, sich auf den Erklärungsgehalt der Schätzungen auswirken. Es galt also zu prüfen, ob die für die Gemeinden insgesamt gefundenen Ergebnisse auch für Teilgruppen bestätigt werden konnten und worauf gegebenenfalls festgestellte Unterschiede zurückzuführen waren. Die Tabellen 5 und 6 geben zunächst einen Überblick über die Verteilung der untersuchten Gemeinden nach diesen drei Merkmalen. Demnach sind gut vier Fünftel aller untersuchten Gemeinden kreisangehörig; sie sind naturgemäß vor allem in den unteren Größenklassen stark vertreten. Die kreisfreien Städte finden sich vor allem in den oberen Größenklassen. Überdurchschnittlich viele kreisfreie Städte - mit dann oft auch geringerer Einwohnerzahl - gibt es vor allem in Rheinland-Pfalz und in Bayern.

Die im vorigen Abschnitt diskutierten Schätzungen wurden außer für die kreisfreien Städte und die kreisangehörigen Gemeinden auch für die Gruppe der Gemeinden mit 20000-50000 Einwohnern sowie mit mehr als 50000 Einwohnern durchgeführt. Diese Differenzierung wurde gewählt, weil so in jeder der untersuchten Teilgruppen ein ausreichend großer Stichprobenumfang gewährleistet war und sich darüber hinaus diese Abgrenzung vergleichsweise gut mit der Unterscheidung der Gemeinden nach ihrem Verwaltungsstatus deckt. Aus dem Vergleich der Ergebnisse konnten so zusätzliche Schlüsse gezogen werden.

Die Schätzergebnisse für die derart abgegrenzten Gruppen von Gemeinden sind in den Tabellen 7 und 8 zusammenfassend dargestellt. Außer den Ergebnissen für das Public-choice-Modell und das traditionelle Modell (Spezifikationen 4 und 5) sind dort auch die Ergebnisse für das allgemeine Nachfragemodell sowie das Medianwählermodell aufgeführt (Spezifikationen 3 und 6).

Bei den Schätzergebnissen für die Ausgaben der *Aufgabengruppe A* (Tabelle 7) fällt besonders eines auf: sie sind für alle vier untersuchten

Tabelle 5 - Kreisangehörige Gemeinden nach Einwohnergrößenklassen und Bundesländern

	Einwohnergrößenklassen (a)						
	insgesamt	2-3	3-4	4-5	5-8	8-10	über 10
Schleswig-Holstein	14	8	4	1	1	-	-
Niedersachsen	63	36	13	6	6	-	2
Nordrhein-Westfalen	164	63	37	20	31	7	6
Hessen	42	26	9	-	6	1	-
Rheinland-Pfalz	8	5	1	1	1	-	-
Baden-Württemberg	69	35	14	8	10	2	-
Bayern	26	19	6	1	-	-	-
Saarland	12	7	1	3	1	-	-
Insgesamt	398	199	85	40	56	10	8

(a) In 10000 Einwohnern, bis einschließlich der oberen Grenze.

Tabelle 6 - Kreisfreie Städte nach Einwohnergrößenklassen und Bundesländern

	Einwohnergrößenklassen (a)						
	insgesamt	2-3	3-4	4-5	5-8	8-10	über 10
Schleswig-Holstein	4	-	-	-	1	1	2
Niedersachsen	9	-	-	-	2	1	6
Nordrhein-Westfalen	23	-	-	-	-	-	23
Hessen	5	-	-	-	-	-	5
Rheinland-Pfalz	12	-	2	4	1	2	3
Baden-Württemberg	9	-	-	1	-	1	7
Bayern	25	-	3	5	9	2	6
Saarland	1	-	-	0	-	-	1
Insgesamt	88	0	5	10	13	7	53

(a) In 10000 Einwohnern, bis einschließlich der oberen Grenze.

Tabelle 7 - Schätzergebnisse für die Bestimmungsfaktoren der Ausgaben, Aufgabengruppe A, nach Gemeindegruppen

	INC1	INC2	TAX1	TAX2	WAG	POP
88 kreisfreie Städte						
3.	0,55395 (1,234)	-	-0,16825 (5,752)	-	-0,09050 (3,821)	-
4.	0,69770 (1,600)	-	-0,11925 (4,150)	-	-0,06514 (2,852)	-
5.	0,81638 (1,907)	-	-	-	-	0,09371 (2,981)
6.	-	0,36438 (0,842)	-	-0,17473 (5,898)	-0,09041 (3,768)	-
398 kreisangehörige Gemeinden						
3.	0,46647 (2,841)	-	-0,28854 (9,580)	-	-0,09298 (7,588)	-
4.	0,81634 (4,867)	-	-0,22132 (7,510)	-	-0,07987 (6,911)	-
5.	0,66246 (3,887)	-	-	-	-	0,10303 (2,831)
6.	-	0,18810 (1,035)	-	-0,29648 (10,448)	-0,08972 (7,340)	-
339 Gemeinden mit 20000-50000 Einwohnern						
3.	0,35183 (2,023)	-	-0,39346 (8,434)	-	-0,08543 (6,341)	-
4.	0,69387 (3,915)	-	-0,30129 (6,621)	-	-0,06673 (5,222)	-
5.	0,64376 (3,592)	-	-	-	-	0,09832 (1,498)
6.	-	0,12189 (0,631)	-	-0,37452 (9,178)	-0,08019 (5,945)	-
147 Gemeinden mit mehr als 50000 Einwohnern						
3.	0,51933 (1,575)	-	-0,26135 (9,407)	-	-0,08582 (4,523)	-
4.	1,08291 (3,161)	-	-0,15959 (5,261)	-	-0,08463 (4,860)	-
5.	0,68710 (1,967)	-	-	-	-	0,14573 (4,053)
6.	-	0,07762 (0,250)	-	-0,26729 (9,956)	-0,08429 (4,483)	-

noch Tabelle 7

	GRAPK	BUE	VRBEV	CONST	$\bar{R}^2$	SF
88 kreisfreie Städte						
3.	-	-	-	-1,19550 (0,261)	0,379	0,24165
4.	0,17869 (4,618)	0,00869 (0,117)	-0,05243 (0,862)	-2,90080 (0,651)	0,494	0,21822
5.	0,21417 (5,448)	-	-	-4,38411 (1,004)	0,420	0,23357
6.	-	-	-	0,65825 (0,152)	0,376	0,24221
398 kreisangehörige Gemeinden						
3.	-	-	-	-1,69936 (0,997)	0,259	0,29397
4.	0,16804 (7,803)	0,03939 (1,567)	-0,08704 (2,624)	-5,17044 (3,053)	0,369	0,27131
5.	0,21146 (8,950)	-	-	-3,02149 (1,693)	0,208	0,30382
6.	-	-	-	0,97943 (0,524)	0,268	0,29222
339 Gemeinden mit 20000-50000 Einwohnern						
3.	-	-	-	-1,55756 (0,857)	0,255	0,29502
4.	0,17738 (7,637)	0,02890 (1,106)	-0,05685 (1,666)	-4,82118 (2,701)	0,364	0,27131
5.	0,22893 (9,184)	-	-	-2,84270 (1,493)	0,222	0,30017
6.	-	-	-	0,82972 (0,412)	0,258	0,29318
147 Gemeinden mit mehr als 50000 Einwohnern						
3.	-	-	-	-2,00428 (0,588)	0,428	0,26459
4.	0,17422 (5,364)	0,12285 (2,207)	-0,17846 (2,982)	-7,20965 (2,075)	0,537	0,23808
5.	0,19406 (5,138)	-	-	-3,62178 (1,000)	0,351	0,28167
6.	-	-	-	2,38755 (0,746)	0,436	0,26268

Zu den Variablen vgl. Tabelle 3.

Teilgruppen von Gemeinden den Ergebnissen sehr ähnlich, die bereits bei der Untersuchung aller Gemeinden zusammen festgestellt wurden:

- In beiden Fällen liegt der Erklärungsgehalt des Public-choice-Modells über dem des traditionellen Modells.
- Zwischen dem Erklärungsgehalt des allgemeinen Nachfragemodells und dem des Medianwählermodells gibt es in keiner der untersuchten Teilgruppen einen wesentlichen Unterschied. Die Koeffizienten der unabhängigen Variablen weisen durchgängig das jeweils erwartete Vorzeichen auf; teilweise stimmen darüber hinaus auch die jeweiligen für das Public-choice-Modell und das traditionelle Modell geschätzten Werte weitgehend überein.

Die hier für die einzelnen Teilgruppen von Gemeinden geschätzten Werte bestätigen somit weitgehend die bereits für die Gemeinden insgesamt festgestellten Zusammenhänge. Die vor diesem Hintergrund für einzelne Teilgruppen von Gemeinden darüber hinaus feststellbaren Unterschiede in den Ergebnissen sind vergleichsweise gering; den Gesamteindruck verändern sie nicht.

Auffällig ist hier vor allem, daß mit dem Public-choice-Modell, das für alle vier untersuchten Gruppen von Gemeinden stets den höchsten Erklärungsgehalt aufweist, zumindest gemessen am bereinigten Bestimmtheitsmaß, die Ausgaben der kreisfreien Städte deutlich besser erklärt werden können als die der kreisangehörigen Gemeinden. Das gleiche gilt für die Gruppe der großen Gemeinden (über 50000 Einwohner) im Vergleich zu den kleinen Gemeinden (20000-50000 Einwohner).

Insbesondere das letzte Ergebnis steht auf den ersten Blick im Widerspruch zu der Hypothese 10, wonach vermutet worden war, daß aufgrund der jeweiligen Angebots- und Nachfragebedingungen für kommunale Leistungen sowie den politischen und institutionellen Rahmenbedingungen in kleinen Gemeinden den Präferenzen der Einwohner eher Rechnung getragen würde als in größeren und daß somit die Nachfragemodelle dort die Ausgaben besser würden erklären können. Nach diesen Ergebnissen scheint zunächst eher das Gegenteil der Fall zu sein. Diese Aussage wird allerdings bei näherer Betrachtung insbesondere der geschätzten Koeffizienten und Prüfmaße der einzelnen Variablen relativiert. So fallen diese Werte bei den Schätzungen für die kreisfreien Städte und die großen Gemeinden nur im Fall der eher institutionell geprägten Einflußfaktoren (Zuweisungen, Bevölkerungsveränderung, öffentliche Verwaltung) höher aus als für die kreisangehörigen Gemeinden. Bei den aus dem engeren Modellzusammenhang abgeleiteten, nachfrageorientierten Faktoren (Einkommen, Steuerlast, Bereitstellungskosten) erweisen sich hingegen - erwartungsgemäß - die Koeffizienten und Prüfwerte der Schätzungen für die kreisangehörigen und die kleinen Gemeinden als überlegen.

Aufschlußreich ist darüber hinaus ein Vergleich der Ergebnisse für die kreisfreien Städte mit denen für die großen Gemeinden. Während nämlich für die beiden anderen Gruppen (kleine bzw. kreisangehörige Gemeinden) die Schätzergebnisse nahezu identisch ausfallen, gibt es hier eine Reihe von Unterschieden. So kann das Public-choice-Modell die Ausgaben der großen Gemeinden (über 50000 Einwohner) deutlich besser erklären als die der kreisfreien Städte. Nicht nur fällt das bereinigte Bestimmtheitsmaß in der ersten Gruppe eindeutig höher aus als in der zweiten, auch die Koeffizienten sämtlicher Variablen sind hier auf einem höheren Niveau gesichert.

Dies ist möglicherweise auf Unterschiede im jeweiligen Aufgabenspektrum zwischen den ansonsten vergleichsweise ähnlichen Gemeinden zurückzuführen. So erfüllen - grob gesprochen - die kreisfreien Städte jeweils die Aufgaben entsprechender kreisangehöriger Gemeinden, zusätzlich aber noch eine Reihe von tendenziell überörtlichen Aufgaben, für die sonst die Landkreise zuständig sind. Bei diesen Aufgaben ist der in den Nachfragemodellen unterstellte Zusammenhang zwischen den Präferenzen der Gemeindeeinwohner und dem Leistungsumfang in aller Regel weniger stark ausgeprägt.

Diese Vermutung wird bestätigt, wenn man vergleicht, welche Variablen die Ausgaben in den beiden Gemeindegruppen jeweils am stärksten beeinflussen. Gemessen an dem ß-Gewicht fällt bei den kreisfreien Städten lediglich der Einfluß der Finanzzuweisungen vergleichsweise höher aus als bei den großen Gemeinden (Werte von 0,39 bzw. 0,34). Der Einfluß aller anderen Variablen ist hingegen durchweg geringer. Für kreisfreie Städte bzw. große Gemeinden liegen die entsprechenden Werte für die Bereitstellungskosten bei 0,23 bzw. 0,28 und für die Steuerlast bei 0,36 bzw. 0,37. Gar keinen Einfluß auf die Ausgaben der kreisfreien Städte in der Gruppe A haben die privaten Einkommen, die Angehörigen der öffentlichen Verwaltung sowie langfristige Bevölkerungsveränderungen.

Offenbar spielen wichtige Einflußfaktoren des Public-choice-Modells bei den Ausgaben der kreisfreien Städte eine vergleichsweise geringere Rolle als bei den großen Gemeinden. Darauf deutet ebenfalls hin, daß im Gegensatz zu dem Public-choice-Modell das traditionelle Modell (Spezifikation 5) bei den kreisfreien Städten die Ausgaben vergleichsweise besser erklären kann als bei den großen Gemeinden.

Auch bei den Schätzergebnissen für die Ausgaben der *Aufgabengruppe B* fällt zunächst vor allem auf, daß in allen untersuchten Teilgruppen von Gemeinden die Ergebnisse weitgehend mit denen übereinstimmen, die schon für alle Gemeinden zusammen festgestellt worden sind (Tabelle 8): Wiederum liegt der Erklärungsgehalt des Public-choice-Modells stets über dem des traditionellen Modells (Spezifikationen 4 und 5), und zwischen dem allgemeinen Nachfragemodell sowie dem Medianwählermodell (Spezifikationen 3 und 6) sind wesentliche Unterschiede im Erklärungsgehalt nicht feststellbar. Auch der Erklärungsgehalt für die Ausgaben der Aufgabengruppe B ist hier in der Mehrzahl der Fälle höher als für die der Gruppe A.

Wie schon bei den Schätzungen für den Aufgabenbereich A gibt es auch hier vor dem Hintergrund insgesamt weitgehend übereinstimmender Ergebnisse zwischen den einzelnen Teilgruppen gewisse Unterschiede. Insbesondere ist der Erklärungsgehalt des Public-choice-Modells für die kreisangehörigen Gemeinden deutlich höher als für die kreisfreien Städte: Nicht nur der Wert für das bereinigte Bestimmtheitsmaß fällt in der ersten Gruppe höher aus, auch die geschätzten Koeffizienten sind sämtlich auf einem höheren Niveau statistisch gesichert.

Dieser Unterschied wird erklärlich, wenn man bedenkt, daß es sich bei den Aufgaben der Gruppe B vor allem um weitgehend weisungsgebundene Leistungen handelt. Daher kann auch erwartet werden, daß sich Unterschiede im Aufgaben- und Finanzierungsverbund, die zwischen kreisfreien Städten und kreisangehörigen Gemeinden ja vergleichsweise ausgeprägt sind, stärker in den Schätzergebnissen niederschlagen. Wenn man darüber hinaus berücksichtigt, daß ein nicht unerheblicher Teil der Ausgaben von kreisfreien Städten der überörtlichen Aufgabenerfüllung dient, bei denen die Verbindung zu den Präferenzen der Einwohner ten-

Tabelle 8 - Schätzergebnisse für die Bestimmungsfaktoren der Ausgaben, Aufgabengruppe B, nach Gemeindegruppen

	INC1	INC2	TAX1	TAX2	WAG	POP
88 kreisfreie Städte						
3.	-0,02917 (0,127)	-	-0,06386 (4,234)	-	0,13571 (5,653)	-
4.	0,22495 (0,979)	-	-0,05637 (3,951)	-	-0,12661 (5,643)	-
5.	0,14206 (0,563)	-	-	-	-	0,04000 (2,295)
6.	-	-0,35749 (1,620)	-	-0,07118 (4,784)	-0,12222 (5,067)	-
398 kreisangehörige Gemeinden						
3.	-0,48750 (4,737)	-	-0,3043 (16,273)	-	-0,12464 (8,970)	-
4.	0,12609 (1,245)	-	-0,22792 (13,345)	-	-0,10641 (8,312)	-
5.	0,07955 (0,725)	-	-	-	-	0,21617 (9,654)
6.	-	-0,59333 (5,153)	-	-0,27961 (15,494)	-0,12202 (8,674)	-
339 Gemeinden mit 20000-50000 Einwohnern						
3.	-0,48915 (4,068)	-	-0,38776 (12,008)	-	-0,11943 (7,295)	-
4.	0,22503 (1,906)	-	-0,25113 (8,526)	-	-0,09913 (6,780)	-
5.	0,11222 (0,888)	-	-	-	-	0,24322 (5,511)
6.	-	-0,64492 (4,801)	-	-0,31833 (11,118)	-0,11626 (7,054)	-
147 Gemeinden mit mehr als 50000 Einwohnern						
3.	-0,96145 (4,738)	-	-0,20266 (11,831)	-	-0,15148 (6,334)	-
4.	-0,47055 (2,105)	-	-0,17440 (9,921)	-	-0,15417 (6,086)	-
5.	-0,50163 (2,102)	-	-	-	-	0,17463 (8,072)
6.	-	-1,08610 (5,905)	-	-0,18835 (11,799)	-0,13545 (5,933)	-

noch Tabelle 8

	GRAPK	BUE	VRBEV	CONST	$\bar{R}^2$	SF
88 kreisfreie Städte						
3.	-	-	-	7,58517 (3,244)	0,326	0,12390
4.	0,08120 (4,007)	0,00884 (0,233)	-0,05552 (1,744)	4,71802 (2,013)	0,429	0,11399
5.	0,09807 (4,149)	-	-	5,09414 (1,964)	0,183	0,13643
6.	-	-	-	10,76602 (4,907)	0,349	0,12171
398 kreisangehörige Gemeinden						
3.	-	-	-	9,41602 (8,793)	0,452	0,18410
4.	0,09840 (10,419)	0,01389 (0,961)	-0,13089 (6,680)	3,62734 (3,535)	0,608	0,15573
5.	0,13515 (12,837)	-	-	3,30932 (2,885)	0,442	0,18588
6.	-	-	-	10,53987 (8,876)	0,437	0,18658
339 Gemeinden mit 20000-50000 Einwohnern						
3.	-	-	-	8,60306 (6,829)	0,365	0,20416
4.	0,10871 (10,136)	0,02694 (1,635)	-0,14067 (6,443)	2,31698 (1,958)	0,555	0,17088
5.	0,14291 (12,098)	-	-	2,67051 (2,002)	0,380	0,20169
6.	-	-	-	10,65531 (7,566)	0,355	0,20567
147 Gemeinden mit mehr als 50000 Einwohnern						
3.	-	-	-	15,60987 (7,425)	0,547	0,16306
4.	0,05902 (2,530)	0,04489 (1,220)	-0,12399 (3,069)	10,77706 (4,729)	0,597	0,15388
5.	0,12315 (4,794)	-	-	9,96579 (3,986)	0,403	0,18719
6.	-	- (8,819)	-	16,76331	0,585	0,15612

Zu den Variablen vgl. Tabelle 3.

denziell schwächer ausgeprägt ist, wird auch der insgesamt etwas schwächere Erklärungsgehalt für die kreisfreien Städte plausibel.[1]

Als wesentliches Ergebnis der Untersuchungen für die verschiedenen Teilgruppen von Gemeinden kann somit festgehalten werden: Während insgesamt die Ergebnisse außerordentlich ähnlich ausfallen, gibt es gewisse Hinweise darauf, daß Unterschiede in der Aufgabenzuständigkeit bei den verschiedenen Gruppen von Gemeinden sich zumindest in begrenztem Umfang auf den Erklärungsgehalt des Public-choice-Modells auswirken.

Solche Unterschiede aufgrund der Aufgabenzuständigkeit können auch für die Gemeinden verschiedener Bundesländer vermutet werden. Denn ähnlich wie etwa zwischen kreisangehörigen Gemeinden und kreisfreien Städten unterscheidet sich die Aufgabenteilung zwischen Land und Gemeinde in zum Teil nicht unbedeutendem Maße.[2] Es mußte allerdings darauf verzichtet werden, Schätzungen für jedes einzelne Land getrennt durchzuführen. Für einige Bundesländer (Schleswig-Holstein, Rheinland-Pfalz, Saarland) wäre der Stichprobenumfang der Untersuchungsgemeinden zu gering, und auch die Ergebnisse von Überlegungen, die im Zusammenhang mit der Annahme einer Cobb-Douglas-Produktionsfunktion angestellt wurden, sprachen dagegen (vgl. Tabelle 1 und Abschnitt D. IV. 1).

Stattdessen wurde aber der Frage nachgegangen, ob Unterschiede in den Kommunalverfassungen der Länder sich im Ausgabenverhalten der Gemeinden niederschlagen. Dazu könnte es beispielsweise kommen, wenn die Formen der politischen Willensbildung stark voneinander abweichen. So ist etwa für die Gemeinden in der Schweiz beobachtet worden, daß der Erklärungsgehalt von Einkommen und Steuerpreis in Gemeinden mit direkter lokaler Demokratie (Bürgerversammlung) höher ist als in Gemeinden mit repräsentativer Demokratie (Kommunalparlament).[3] Dies wird darauf zurückgeführt, daß die Einwohner ihre Präferenzen für kommu-

---

[1] Die Fragen, die sich mit dieser Interpretation im Hinblick auf die Aussagekraft des nachfrageorientierten Erklärungsansatzes stellen, sind bereits oben erörtert worden (vgl. S. 109 f.).

[2] Für eine vergleichende Übersicht siehe Münstermann und Becker [1978].

[3] Vgl. Pommerehne [1978], aber auch Boyne [1987] für Großbritannien.

nale Güter in den Gemeinden des ersten Typs besser zum Ausdruck bringen können.

Im Vergleich mit der Schweiz sind die Unterschiede zwischen den Kommunalverfassungen in den Ländern der Bundesrepublik Deutschland wesentlich weniger ausgeprägt. Gewisse Unterschiede gibt es allerdings zwischen den Kommunalverfassungen Bayerns und Baden-Württembergs (sogenannte süddeutsche Ratsverfassung) und denen der übrigen Länder. Erstere sind durch Elemente direkter Demokratie, wie die Direktwahl des Bürgermeisters, die Möglichkeit seiner vorzeitigen Abwahl sowie die Einrichtung von Bürgerbegehren und Bürgerentscheid gekennzeichnet [vgl. Lang, 1975]. Daher kann vermutet werden, daß die Ausgaben der Untersuchungsgemeinden in Baden-Württemberg und Bayern vergleichsweise besser erklärt werden als die der übrigen Gemeinden.

Dies wurde für das Public-choice-Modell und das traditionelle Modell sowie jeweils die Ausgaben der Gruppen A und B überprüft (Spezifikationen 4 und 5 in Tabelle 9). Darüber hinaus wurde auch eine Schätzung für eine Medianversion des Public-choice-Modells durchgeführt. Damit konnte zusätzlich überprüft werden, ob unter den Bedingungen der süddeutschen Ratsverfassung möglicherweise die Präferenzen des Medianeinwohners stärker zur Geltung kommen (Spezifikation 4a).

Die vermuteten Zusammenhänge finden sich indessen für keines der drei Modelle bestätigt. Abgesehen von den bereits bekannten Unterschieden im Erklärungsgehalt zwischen den beiden Aufgabengruppen sowie den einzelnen Modellen können nennenswerte Abweichungen für die beiden Gruppen von Gemeinden nicht festgestellt werden. Eine Ausnahme machen hier lediglich die Koeffizienten der Zuweisungsvariablen (GRAPK) bei den Ausgaben der Gruppe B, was möglicherweise auf die Unterschiede im kommunalen Finanzausgleich zurückzuführen ist. Einen Hinweis darauf, daß die Unterschiede in den Kommunalverfassungen der deutschen Bundesländer sich auf das Ausgabenverhalten der Gemeinden auswirken, ergibt sich jedoch nicht.

Tabelle 9 - Schätzergebnisse für die Bestimmungsfaktoren der Ausgaben, Aufgabengruppen A und B, nach ausgewählten Bundesländern

Gruppe A	INC1	INC2	TAX1	TAX2	WAG	POP	GRAPK	BUE	VRBEV	CONST	$\bar{R}^2$	SF
Gemeinden in Baden-Württemberg und Bayern (129)												
(4)	0,98172	-	-0,17890	-	-0,04053	-	0,13354	0,03339	-0,11396	-6,20506	0,445	0,23981
	(2,946)		(5,705)		(2,098)		(3,775)	(0,755)	(1,842)	(1,836)		
(4a)	-	1,03830	-	-0,18705	-0,03938	-	0,13675	0,04211	-0,11723	-6,84140	0,454	0,23784
		(3,131)		(6,267)	(2,034)		(3,865)	(0,945)	(1,896)	(2,034)		
(5)	0,71765	-	-	-	-	0,16320	0,16500	-	-	-3,81301	0,355	0,25853
	(2,283)					(4,879)	(4,416)			(1,168)		
Gemeinden im übrigen Bundesgebiet (357)												
(4)	0,78565	-	-0,17868	-	-0,05459	-	0,15379	0,04913	-0,09859	-4,50050	0,479	0,24580
	(4,935)		(9,765)		(4,726)		(7,488)	(1,971)	(3,222)	(2,783)		
(4a)	-	0,66924	-	-0,18785	-0,05590	-	0,14776	0,04937	-0,08950	-3,38727	0,475	0,24675
		(3,692)		(10,523)	(4,805)		(7,185)	(1,929)	(2,855)	(1,788)		
(5)	0,58502	-	-	-	-	0,17262	0,17426	-	-	-2,87056	0,383	0,26762
	(3,692)					(8,561)	(7,839)			(1,735)		

Gruppe B	INC1	INC2	TAX1	TAX2	WAG	POP	GRAPK	BUE	VRBEV	CONST	$\bar{R}^2$	SF
Gemeinden in Baden-Württemberg und Bayern (129)												
(4)	-0,17181	-	-0,21388	-	-0,12677	-	0,17293	0,01044	-0,13048	6,67570	0,752	0,15968
	(0,756)		(10,865)		(5,762)		(7,364)	(0,344)	(2,997)	(2,865)		
(4a)	-	0,38190	-	-0,20743	-0,13358	-	0,16748	0,00153	-0,11788	8,79038	0,760	0,15685
		(1,709)		(11,526)	(6,139)		(7,287)	(0,051)	(2,763)	(3,819)		
(5)	-0,01029	-	-	-	-	0,22584	0,21939	-	-	3,84414	0,618	0,19791
	(0,041)					(8,998)	(7,902)			(1,465)		
Gemeinden im übrigen Bundesgebiet (357)												
(4)	0,12331	-	-0,22076	-	-0,10796	-	0,07632	0,03475	-0,14765	3,83733	0,697	0,16367
	(1,108)		(18,942)		(7,110)		(7,130)	(2,101)	(7,145)	(3,370)		
(4a)	-	0,16977	-	-0,21318	-0,10188	-	0,08059	0,03605	-0,15249	3,31853	0,690	0,16558
		(1,295)		(18,597)	(6,651)		(7,558)	(2,104)	(7,159)	(2,509)		
(5)	-0,07043	-	-	-	-	0,24711	0,10589	-	-	4,66562	0,592	0,19001
	(0,594)					(18,129)	(9,084)			(3,751)		

Zu den Variablen vgl. Tabelle 3.

E. Zusammenfassung

Ziel dieser Studie war es, für die Gemeinden in der Bundesrepublik Deutschland die Bestimmungsfaktoren der Ausgaben zu identifizieren. Dazu wurde die Hypothese aufgestellt, daß Umfang und Zusammensetzung der kommunalen Leistungserstellung, analog zum Angebot von Gütern und Diensten auf privaten Märkten, letztlich auf die Nachfrage der Einwohner zurückzuführen ist und somit Folgerungen aus der traditionellen Haushaltstheorie über die Konsumentscheidungen auf privaten Märkten auch zur Erklärung der Mittelverwendung im lokalen öffentlichen Sektor beitragen können.

Diese Überlegungen zu den Wirkungsmechanismen bei kommunalen Ausgabenentscheidungen galt es zunächst in einen größeren Zusammenhang einzuordnen. Dazu wurden in einem theoretischen Überblick die wichtigsten ökonomischen Erklärungsansätze für Umfang und Zusammensetzung öffentlicher Ausgaben ausführlich diskutiert, und es wurde geprüft, welchen Beitrag sie zur Erklärung speziell der Ausgaben von Gemeinden zu leisten vermögen. Dabei zeigte sich, daß unter diesem Gesichtspunkt insbesondere der Medianwähleransatz und der bürokratietheoretische Ansatz von Bedeutung sind. Beiden Ansätzen ist gemeinsam, daß das Prinzip der individuellen Nutzenmaximierung, wie es der ökonomischen Analyse des Geschehens auf privaten Märkten zugrunde liegt, auf den öffentlichen Sektor übertragen wird. Der wesentliche Unterschied zwischen den beiden Ansätzen besteht darin, daß in einem Fall die öffentliche Verwaltung als der Anbieter von kommunalen Leistungen im Mittelpunkt der Analyse steht, im anderen Fall hingegen die Einwohner als die Nachfrager. Entsprechend der Fragestellung dieser Studie konzentrierte sich die weitere Analyse auf die Nachfrageseite.

Dabei war im nächsten Schritt zu prüfen, wie die in dem nachfrageorientierten Erklärungsansatz formulierten Zusammenhänge zwischen den Konsumentscheidungen der Einwohner und dem kommunalen Leistungsangebot in einem operablen Modell zu erfassen sind, d.h., wie mit Hilfe von Nachfragemodellen die Ausgaben von Gemeinden erklärt werden können. In diesem Teil der Studie konnte gezeigt werden, daß es dafür grundsätzlich zwei Möglichkeiten gibt, nämlich einerseits die allgemeinen Nachfragemodelle, andererseits als Spezialfall die Medianwählermodelle.

Beiden Gruppen von Modellen ist gemeinsam, daß die von einer Gemeinde bereitgestellten Leistungen auf die Nachfrage eines repräsentativen Einwohners zurückgeführt werden. Bei den allgemeinen Nachfragemodellen wird dieser Zusammenhang jedoch strenggenommen lediglich unterstellt. Demgegenüber wird in den Medianwählermodellen eine theoretisch schlüssige Verbindung zwischen den individuellen Präferenzen des repräsentativen Einwohners und dem Leistungsangebot der Gemeinde geschaffen. Das ist jedoch nur möglich, indem eine Reihe von zusätzlichen restriktiven Annahmen über die Abstimmungsregeln bei politischen Entscheidungen in den Gemeinden sowie über das Abstimmungsverhalten der Bürger getroffen wird.

Bisherige empirische Untersuchungen für lokale Gebietskörperschaften einiger europäischer Länder, in denen ein allgemeines Nachfragemodell im Vergleich mit einem Medianwählermodell geschätzt worden ist, zeigen, daß deren relativer Erklärungsgehalt stark von den jeweiligen politisch-institutionellen Rahmenbedingungen, insbesondere für Angebot und Nachfrage kommunaler Leistungen, abhängt. So können unter den Bedingungen repräsentativer lokaler Demokratie die Ausgaben von Gemeinden mit Hilfe allgemeiner Nachfragemodelle zumeist plausibel erklärt werden. Nur in wenigen Fällen, wenn Elemente direkter lokaler Demokratie vergleichsweise ausgeprägt sind, erweisen Medianwählermodelle sich als überlegen.

Für die Untersuchung der Gemeindeausgaben in der Bundesrepublik wurde daher ein allgemeines Nachfragemodell zugrundegelegt. Über die Annahme der individuellen Nutzenmaximierung im öffentlichen Sektor hinaus, wie sie etwa auch für die bürokratietheoretischen Ansätze konstitutiv ist, wird damit unterstellt, daß entsprechend der demokratischen Willensbildung in den Gemeinden sich die kommunale Leistungserstellung nach den Wünschen der Einwohner richtet, was dem Grundsatz nach wohl vorausgesetzt werden kann.

Entsprechend diesen Überlegungen wurde die empirische Analyse der Gemeindeausgaben in der Bundesrepublik Deutschland durchgeführt. Die Grundthese der Studie, wonach die Ausgaben von Gemeinden durch die Nachfrage der Einwohner nach kommunalen Leistungen bestimmt werden, fand sich dabei bestätigt. Insbesondere konnte gezeigt werden, daß die Gemeindeausgaben mit den privaten Einkommen der Einwohner und den anteiligen Bereitstellungskosten für kommunale Leistungen in einem

Zusammenhang stehen, wie er auch für Konsumentscheidungen auf privaten Märkten charakteristisch ist. Folgerungen aus der traditionellen Haushaltstheorie sind somit grundsätzlich geeignet, zur Erklärung der Mittelverwendung im lokalen öffentlichen Sektor beizutragen.

Der Einfluß unterschiedlicher Angebots- und Nachfragebedingungen bei einzelnen kommunalen Leistungen, wie etwa die eigenverantwortliche Aufgabenerfüllung durch die Gemeinden oder die Analogie zum Konsum auf privaten Märkten, ist dabei offenbar weit weniger bedeutsam als zunächst vermutet worden war. Vielmehr ist der hier gewählte nachfrageorientierte Ansatz grundsätzlich geeignet, die Ausgaben in allen Aufgabengruppen zu erklären. Für diejenigen Gruppen, in denen der Einfluß institutioneller Beziehungen im Aufgaben- und Finanzierungsverbund der Gebietskörperschaften vergleichsweise stark ausgeprägt ist, gilt dies allerdings nur mit Einschränkungen. Dort ergaben sich Hinweise darauf, daß mit geringerem privaten Einkommen verstärkt solche öffentlichen Leistungen angeboten werden, die, wie etwa bestimmte soziale und andere Versorgungsleistungen, als Teil der Daseinsvorsorge gelten und als solche den Gemeinden zur weisungsgemäßen Erfüllung weitgehend vorgeschrieben sind. Um näheren Aufschluß über diese Zusammenhänge zu gewinnen, müßte dem Aufgaben- und Finanzierungsverbund, insbesondere dem Finanzausgleich, im Modell stärker als bisher Rechnung getragen werden.

Außer für die Gemeinden insgesamt wurden Schätzungen auch für Teilgruppen von Gemeinden durchgeführt. So wurde geprüft, ob sich Unterschiede in den politisch-institutionellen Rahmenbedingungen, etwa wegen der Zugehörigkeit zu einer Einwohnergrößenklasse oder zu einem Bundesland mit einer bestimmten Kommunalverfassung, auf die Ausgaben auswirken. Ebenso wurde untersucht, ob in diesem Zusammenhang die unterschiedliche Einbindung in den Aufgaben- und Finanzierungsverbund der Gebietskörperschaften bei kreisfreien Städten und kreisangehörigen Gemeinden eine Rolle spielt.

Solche Faktoren hatten jedoch keinen wesentlichen Einfluß auf den Erklärungsgehalt des Ansatzes. Vielmehr wurden in allen hier unterschiedenen Fällen die bereits für die Gemeinden insgesamt festgestellten Zusammenhänge bestätigt. So konnte auch kein Hinweis darauf gefunden werden, daß in kleinen Gemeinden, in denen der örtliche Bezug der kommunalen Leistungserstellung wie auch der lokalen Verwaltung und der gewählten Politiker im allgemeinen vergleichsweise stark ausgeprägt ist, den Präferenzen der Einwohner eher Rechnung getragen würde als in großen Gemeinden. Ein Einfluß von Elementen direkter lokaler Demokratie in den Kommunalverfassungen einzelner Bundesländer auf die Höhe der Gemeindeausgaben war ebenfalls nicht festzustellen.

Lediglich die Unterschiede im Aufgabenspektrum von kreisfreien Städten und kreisangehörigen Gemeinden sind in diesem Zusammenhang von Bedeutung. So fielen die Schätzergebnisse für die kreisfreien Städte im Vergleich zu denen für die kreisangehörigen Gemeinden insgesamt etwas schlechter aus. Dies ist vermutlich darauf zurückzuführen, daß wegen des überörtlichen Charakters bei einem nicht unerheblichen Teil der Aufgaben von kreisfreien Städten der Zusammenhang zwischen den Präferenzen der Gemeindeeinwohner und dem Leistungsumfang weniger ausgeprägt ist. Insgesamt sind die dadurch bedingten Unterschiede im Erklärungsgehalt des nachfrageorientierten Ansatzes jedoch gering und verändern das Gesamtergebnis nicht.

Insgesamt kann damit der eingangs postulierte Zusammenhang zwischen den Präferenzen der Einwohner für kommunale Güter und Dienste und dem Umfang der von den Gemeinden bereitgestellten Leistungen als bestätigt angesehen werden. Ein Anhaltspunkt dafür, daß dabei der Medianwähler als repräsentativer Einwohner eine besondere Rolle spielt, wurde in keinem Fall gefunden. Auch ein Zusammenhang zwischen den politischen Mehrheitsverhältnissen und den Ausgaben in einer Gemeinde konnte nicht festgestellt werden. Es ergaben sich allerdings Hinweise darauf, daß die Angehörigen der öffentlichen Verwaltung Ausgabenentscheidungen in ihrem Sinne beeinflussen können. Im Rahmen des hier gewählten nachfrageorientierten Untersuchungsansatzes konnte dem aber nicht weiter nachgegangen werden. Nach den Ergebnissen dieser Studie erscheint es allerdings wenig wahrscheinlich, daß solche Einflüsse die hier festgestellten Zusammenhänge grundsätzlich in Frage stellen könnten.

Anhang

I. Bundeseinheitlicher Gliederungsplan für die Finanzstatistik und Abgrenzung der zusammengefaßten Aufgabenbereiche der Gruppen A und B

Gliederungs-Nr.	Bezeichnung	Zugehörigkeit zu Gruppe A	Zugehörigkeit zu Gruppe B
0	Allgemeine Verwaltung		
00	Gemeindeorgane		x
01	Rechnungsprüfung		x
02	Hauptverwaltung		x
03	Finanzverwaltung		x
05	Besondere Dienststellen der allgemeinen Verwaltung		x
06	Einrichtungen für die gesamte Verwaltung		x
08	Einrichtungen für Verwaltungsangehörige		x
1	Öffentliche Sicherheit und Ordnung		
10	Polizei		x
11	Öffentliche Ordnung		x
13	Brandschutz		x
14	Katastrophenschutz		x
16	Rettungsdienst		x
2	Schulen		
20	Schulverwaltung		x
21	Grund- und Hauptschulen		x
22	Realschulen		x
23	Gymnasien		x
24	Berufsschulen, Berufsfachschulen		x
25	Fachschulen		x
26	Fachoberschulen		x
27	Sonderschulen		x
28	Gesamtschulen		x
29	Sonstiges		x
290	Schülerbeförderung		x
292	Übrige schulische Aufgaben		x
3	Wissenschaft, Forschung, Kulturpflege		
30	Verwaltung kultureller Angelegenheiten		x
31	Wissenschaft, Forschung		x
310	Wissenschaftliche Museen und Sammlungen		x
311	Wissenschaftliche Bibliotheken	x	
312	Sonstige Wissenschaft und Forschung	x	
32	Museen, Sammlungen, Ausstellungen	x	
33	Theater, Konzerte, Musikpflege	x	
34	Sonstige Kunstpflege	x	
35	Volksbildung	x	
350	Volkshochschulen		x
352	Öffentliche Büchereien	x	
355	Sonstige Volksbildung	x	
36	Heimatpflege	x	

Gliederungs-Nr.	Bezeichnung	Zugehörigkeit zu Gruppe A	Zugehörigkeit zu Gruppe B
37	Kirchen	x	
4	Soziale Sicherung		
40	Verwaltung der sozialen Angelegenheiten		x
400	Allgemeine Sozialverwaltung (ohne Jugendhilfeverwaltung, Lastenausgleichsverwaltung und Versicherungsamt)		x
407	Verwaltung der Jugendhilfe		x
408	Versicherungsamt		x
409	Lastenausgleichsverwaltung		x
41	Sozialhilfe nach dem BSHG		x
43	Einrichtungen der Sozialhilfe und der Kriegsopferfürsorge		x
44	Kriegsopferfürsorge und		x
	ähnliche Maßnahmen		x
45	Jugendhilfe nach dem JWG		x
46	Kindergärten und übrige Einrichtungen der Jugendhilfe	x	
47	Förderung von anderen Trägern der Wohlfahrtspflege und Jugendhilfe		x
470	Förderung der Wohlfahrtspflege		x
475	Förderung der Jugendhilfe		x
48	Weitere soziale Bereiche		x
481	Allgemeine Kriegsfolgelasten		x
482	Hilfsmaßnahmen für Deutsche aus der DDR und aus Berlin (Ost)		x
486	Kriegsgefangenenentschädigung		x
487	Hilfe für Heimkehrer und politische Häftlinge		x
49	Sonstige soziale Angelegenheiten		x
5	Gesundheit, Sport, Erholung		
50	Gesundheitsverwaltung		x
51	Krankenhäuser	x(a)	
54	Sonstige Einrichtungen und Maßnahmen der Gesundheitspflege	x	
55	Förderung des Sports	x	
56	Eigene Sportstätten	x	
57	Badeanstalten	x	
58	Park- und Gartenanlagen	x	
59	Sonstige Erholungseinrichtungen	x	
6	Bau- und Wohnungswesen, Verkehr		
60	Bauverwaltung		x
61	Städteplanung, Vermessung, Bauordnung		x
62	Wohnungsbauförderung und Wohnungsfürsorge		x
63	Gemeindestraßen	x	
65	Kreisstraßen	x	
66	Bundes- und Landesstraßen		x

Gliede-rungs-Nr.	Bezeichnung	Zugehörigkeit zu Gruppe A	Gruppe B
67	Straßenbeleuchtung und -reinigung		x
68	Parkeinrichtungen		x
69	Wasserläufe, Wasserbau		x
7	Öffentliche Einrichtungen, Wirtschaftsförderung		
70	Abwasserbeseitigung		x
72	Abfallbeseitigung		x
73	Märkte		x
74	Schlacht- und Viehhöfe		x
75	Bestattungswesen		x
76	Sonstige öffentliche Einrichtungen		x
77	Hilfsbetriebe der Verwaltung		x
78	Förderung der Land- und Forstwirtschaft		x
79	Fremdenverkehr, sonstige Förderung von Wirtschaft und Verkehr		x
8	Wirtschaftliche Unternehmen, allgemeine Grund- und Sondervermögen		
80	Verwaltung der wirtschaftlichen Unternehmen		x
81	Versorgungsunternehmen		x
810	Elektrizitätsversorgung		x
813	Wasserversorgung		x
816	Fernwärmeversorgung		x
817	Kombinierte Versorgungsunternehmen		x
82	Verkehrsunternehmen	x	
83	Kombinierte Versorgungs- und Verkehrsunternehmen		x
84	Unternehmen der Wirtschaftsförderung		x
85	Land- und forstwirtschaftliche Unternehmen		x
86	Kur- und Badebetriebe	x	
87	Sonstige wirtschaftliche Unternehmen		x
88	Allgemeine Grundvermögen		x
89	Allgemeine Sondervermögen		x
9	Allgemeine Finanzwirtschaft(b)		
90	Steuern, allgemeine Zuweisungen und allgemeine Umlagen		
91	Sonstige allgemeine Finanzwirtschaft		
92	Abwicklung der Vorjahre		
999	Gesamthaushalt		

(a) Die Ausgaben für Krankenhäuser blieben in der Schätzung unberücksichtigt, weil in den zur Verfügung stehenden Daten nicht die Ausgaben der Krankenhäuser mit kaufmännischem Rechnungswesen enthalten sind. Je nachdem, welche Buchungsart in den Gemeinden vorliegt, hätte das zu Verzerrungen führen können. - (b) Der Bereich "Allgemeine Finanzwirtschaft" enthält keine Ausgaben für kommunale Güter und Dienste; er blieb daher unberücksichtigt.

II. Ermittlung des Median- und des Durchschnittseinkommens

1. Medianeinkommen

Das Einkommen des Mediansteuerpflichtigen wurde aus den für Gruppen von Steuerpflichtigen publizierten Daten der "Einheitlichen Schichtung der Lohn- und Einkommensteuerpflichtigen" der Einkommensteuerstatistik näherungsweise bestimmt. Dort stehen für jede Gemeinde zur Verfügung: die Anzahl der Steuerpflichtigen (N_k) und die zugehörige Summe des Gesamtbetrags der Einkünfte (G_k), jeweils für k (k = 1 bis k = 9) Größenklassen des Gesamtbetrags der Einkünfte.

Zunächst wird ermittelt, in welcher Größenklasse k (k = x) der Steuerpflichtige (m) liegt, der in der Verteilung der Steuerpflichtigen nach der Höhe des Gesamtbetrags der Einkünfte genau in der Mitte liegt, d.h. genauso viele andere Steuerpflichtige unter sich wie über sich hat:

$$m = 0{,}5 \sum_{k=1}^{9} N_k .$$

In dieser Größenklasse (x), die auch als Einfallsgrößenklasse bezeichnet wird, gilt:

$$\sum_{k=1}^{x} N_k / N \geq 0{,}5 \ ,$$

d.h., hier erreicht bzw. überschreitet der kumulierte Anteil der Steuerpflichtigen gerade den Wert 0,5. Die kumulierten Anteile der Steuerpflichtigen für die untere bzw. die obere Grenze der Einfallsgrößenklasse sind dann

$$A(U) = \sum_{k=1}^{x-1} N_k / N$$

bzw.

$$A(O) = \sum_{k=1}^{x} N_k / N .$$

Über die Verteilung der Steuerpflichtigen innerhalb der Größenklasse ist nichts bekannt; es wird angenommen, daß sie sich über die Breite der Einfallsgrößenklasse KB(x) gleichmäßig verteilen:

$$KB(x) = A(O) - A(U) = N_x/N = \sum_{k=1}^{x} N_k/N - \sum_{k=1}^{x-1} N_k/N .$$

Auf den Einkommensbereich zwischen der unteren Grenze und dem Medianeinkommen entfallen damit anteilsmäßig $(0,5 - \sum_{k=1}^{x-1} N_k/N)$ der Steuerpflichtigen. Dies ist - in vH gemessen - die Differenz zwischen 50 vH aller Steuerpflichtigen und dem kumulierten relativen Anteil bis zur unteren Grenze der Einfallsgrößenklasse.

Um das Medianeinkommen zu ermitteln, wird - entsprechend den Anteilen der Steuerpflichtigen von der unteren Grenze bis zu 50 vH - ein Teil von KB(x) dem Einkommen an der unteren Grenze zugeschlagen. Das Einkommen des Mediansteuerpflichtigen (G') ergibt sich dann als

$$G' = UG(x) + \frac{0,5 - \sum_{k=1}^{x-1} N_k/N}{\sum_{k=1}^{x} N_k/N - \sum_{k=1}^{x-1} N_k/N} KB(x) ,$$

mit UG(x) als unterer Einkommensgrenze der Einfallsgrößenklasse und KB(x) als ihrer Breite (Einkommensspanne). Werden die Werte für UG(x) und KB(x) aus der Lohn- und Einkommensteuerstatistik eingesetzt, ergibt sich G' zunächst als das Bruttoeinkommen des Mediansteuerpflichtigen, denn in der Statistik ist ja der Gesamtbetrag der Einkünfte ausgewiesen.

Für die Ermittlung des "bereinigten Bruttoeinkommens" wird dieser Ausdruck für das Medianeinkommen modifiziert. Zunächst wird auf das Bruttoeinkommen des Mediansteuerpflichtigen der für ihn maßgebliche Steuersatz t' (Mediansteuersatz) angewandt:[1] Das Produkt (G't') gibt die Steuerschuld des Medianeinkommensbeziehers an. Davon fließen 85 vH an Bund und Land und 15 vH an die Wohnsitzgemeinde des Steuerpflichti-

---

[1] Ableitung im folgenden Abschnitt III.

gen, wobei allerdings noch der Einfluß der Sockelgrenzen zu berücksichtigen ist. Danach werden für die Bestimmung des Gemeindeanteils nur die Einkommen bis zu einer bestimmten Höhe herangezogen.[1] Daher kann der tatsächliche Anteil einer Gemeinde an ihrem örtlichen Aufkommen an der Einkommensteuer von dem Wert von 15 vH nach oben oder unten abweichen.

Während dies zu berücksichtigen ist, wenn der Steuerlastanteil des Medianwählers bestimmt wird (s.u. III.1), kann der Einfluß der Sockelgrenzen auf das bereinigte Bruttoeinkommen, wie es hier bestimmt wird, vernachlässigt werden. Zwar sind in der "Einheitlichen Schichtung" die Steuerpflichtigen nicht getrennt nach einzeln bzw. gemeinsam Veranlagten aufgeführt, so daß Aussagen über die Position des Medianeinkommensbeziehers in Bezug auf die Sockelgrenze nicht möglich sind. Aufgrund der linksschiefen Verteilung der Steuerpflichtigen kann aber angenommen werden, daß der Mediansteuerpflichtige mit seinem gesamten Einkommen dem Gemeindeanteil an der Einkommensteuer zugerechnet wird. Das bereinigte Bruttoeinkommen des Medianeinkommensbeziehers wird daher näherungsweise bestimmt als $G'_n = G' - 0{,}85t'G'$.

2. Durchschnittseinkommen

Das Einkommen des durchschnittlichen Einkommensbeziehers ($\bar{G}$) in jeder Gemeinde kann aus der Summe des Gesamtbetrags der Einkünfte (G_k) und der Anzahl der Steuerpflichtigen (N_k) in jeder Gemeinde berechnet werden als

$$\bar{G} = \sum_{k=1}^{9} G_k / \sum_{k=1}^{9} N_k .$$

Entsprechend der Vorgehensweise bei der Bestimmung des bereinigte Brutto-Medianeinkommens wird auch dieses Einkommen um die anteilig an Bund und Land abgeführte Einkommensteuer vermindert. Die durchschnittliche Steuerschuld ergibt sich aus der Summe der in den einzelnen Größenklassen der Einkünfte gezahlten Steuer (S_k) und der Gesamtzahl

---

[1] Zu den Einzelheiten bei der Berechnung des kommunalen Einkommensteueranteils vgl. Marcus [1987, S. 73-76].

der Steuerpflichtigen (N_k). Das bereinigte Brutto-Durchschnittseinkommen ist dann

$$\bar{G}_n = \bar{G} - 0{,}85\left(\sum_{k=1}^{9} S_k / \sum_{k=1}^{9} N_k\right).$$

III. Ermittlung des Median- und des durchschnittlichen Steuerlastanteils

1. Mediansteuerlastanteil

Für die Bestimmung des Steuerzahlers mit dem Mediansteuerlastanteil stehen außer dem Gesamtbetrag der Einkünfte und der Zahl der Steuerpflichtigen für jede Gemeinde folgende Daten zur Verfügung:

- aus der "Einheitlichen Schichtung" für 1983 die gezahlte Einkommensteuer, jeweils zusammengefaßt nach Größenklassen des Gesamtbetrags der Einkünfte;
- aus der kommunalen Finanzstatistik für 1983 die Einnahmen aus dem Gemeindeanteil an der Einkommensteuer und die Gesamteinnahmen.

Um den Steuerpflichtigen mit der Medianeigenschaft zu ermitteln, wird unterstellt, daß die Unterschiede zwischen der Steuerbelastung einzelner Steuerpflichtiger in einer Größenklasse des Einkommens jeweils gleich sind, was in der Proportionalzone auch plausibel ist. Dann kann aus den Größenklassen der Steuerpflichtigen durch Interpolation der Mediansteuerpflichtige bestimmt werden und für diesen, ebenfalls durch Interpolation, die zugehörige Steuerlast. Sie wird dann ins Verhältnis gesetzt zum gesamten örtlichen Aufkommen aus der Einkommensteuer in jeder Gemeinde. Im einzelnen bestimmt sich der Steuerlastanteil des Mediansteuerpflichtigen näherungsweise über die jeweiligen durchschnittlichen Steuersätze und die durchschnittlichen Einkommen in den relevanten Größenklassen sowie das bereits bestimmte Medianeinkommen (G').

Zunächst wird der Steuersatz (t') für den Mediansteuerpflichtigen (den Steuerpflichtigen mit dem Medianeinkommen) bestimmt. Liegt das Medianeinkommen G' über dem durchschnittlichen Einkommen in der Einfallsgrößenklasse (G_x/N_x), ist außer der Einfallsgrößenklasse (x) selbst noch die nächsthöhere Größenklasse (x+1) maßgeblich. Die Differenz der durchschnittlichen Steuersätze $(S_{x+1}/G_{x+1}) - (S_x/G_x)$ wird auf die entsprechende Differenz $(G_{x+1}/N_{x+1}) - (G_x/N_x)$ bezogen. Der Quotient

$$\frac{S_{x+1}/G_{x+1} - S_x/G_x}{G_{x+1}/N_{x+1} - G_x/N_x}$$

gibt an, um welchen Betrag sich der durchschnittliche Steuersatz in der Einfallsgrößenklasse (S_x/G_x) bei Zunahme des durchschnittlichen Einkommens (G_x/N_x) um eine Einheit ändert. Dabei ist unterstellt, daß die Progression eine lineare Zunahme des Durchschnittssteuersatzes bewirkt, was nur annähernd gilt. Weil das durchschnittliche Einkommen hier explizit bestimmt wird, ist auch der Möglichkeit Rechnung getragen, daß die Klassenmitte und das durchschnittliche Einkommen voneinander abweichen können.

Für die Bestimmung des Mediansteuersatzes (t') ist die Differenz zwischen dem Medianeinkommen und dem Durchschnittseinkommen in der Einfallsgrößenklasse ($G' - G_x/N_x$) maßgeblich. Für den Fall $G' > G_x/N_x$ gilt dann

$$t' = S'/G' = S_x/G_x + \frac{S_{x+1}/G_{x+1} - S_x/G_x}{G_{x+1}/N_{x+1} - G_x/N_x} (G' - G_x/N_x).$$

Entsprechend gilt für $G' < G_x/N_x$

$$t' = S'/G' = S_x/G_x + \frac{S_x/G_x - S_{x-1}/G_{x-1}}{G_x/N_x - G_{x-1}/N_{x-1}} (G_x/N_x - G').$$

Der Steuerlastanteil für den Mediansteuerpflichtigen ist dann

$$\tau' = \frac{t'G'}{\sum_{k=1}^{9} S_k} .$$

In beiden Fällen ist bei einer solchen Berechnung dieses Steuerlastanteils impliziert, daß das Aufkommen aus der Einkommensteuer den Gemeinden vollständig zufließt und daß die Gemeinden alle Ausgaben ausschließlich aus dieser Steuer finanzieren. Dieser Steuerlastanteil war daher zu modifizieren. Dazu wurde zunächst für jede Gemeinde berechnet, welchen Anteil ihre tatsächlichen Einnahmen aus dem Gemeindeanteil an der Einkommensteuer im Untersuchungsjahr an dem gesamten örtlichen Aufkommen hatten. Dazu wurde der Gemeindeanteil an der Einkommensteuer

(ANTEINK) der kommunalen Finanzstatistik entnommen, das gesamte örtliche Aufkommen (Σ S_k) hingegen der "Einheitlichen Schichtung". Die Steuerschuld des Mediansteuerpflichtigen (t'G') wurde für jede Gemeinde mit dem spezifischen Gemeindeanteil multipliziert. Das Produkt aus (t'G') und ANTEINK/Σ S_k gibt an, welcher Teil der individuell gezahlten Einkommensteuer des Mediansteuerpflichtigen an die Gemeinde fließt. Dem Einfluß der Sockelgrenzen auf den Anteil jeder Gemeinde an der Einkommensteuer, d.h. den Abweichungen von dem Grundwert von 15 vH, wird somit Rechnung getragen.

Um zu berücksichtigen, daß die Einnahmen der Gemeinden aus der Einkommensteuer nur einen Teil der gesamten Steuereinnahmen ausmachen, wurde die Steuerlast des Mediansteuerpflichtigen nicht mehr auf das gesamte örtliche Aufkommen aus der Lohn- und Einkommensteuer bezogen, sondern auf die gesamten Steuereinnahmen jeder Gemeinde. Als Bezugsgröße wurde die Summe aus dem Aufkommen der Grundsteuern A und B (GRSTAB), der Gewerbesteuer abzüglich der Umlage (GEWST) und des Gemeindeanteils an der Einkommensteuer (ANTEINK) verwendet. Damit konnte der modifizierte Steuerlastanteil geschrieben werden als

$$\tau'_m = \frac{(t'G')(\text{ANTEINK} \,/\, \Sigma S_k)}{\text{GRSTAB} + \text{GEWST} + \text{ANTEINK}} \,.$$

2. Durchschnittssteuerlastanteil

Der durchschnittliche Steuerlastanteil ergibt sich zunächst formal in jeder Gemeinde als Quotient aus der insgesamt gezahlten Einkommensteuer (Σ S_k) und der Gesamtzahl der Steuerpflichtigen (Σ N_k), bezogen auf die insgesamt gezahlte Steuer. Dies ist jedoch nichts anderes als der Kehrwert der Summe der Steuerpflichtigen, denn es gilt:

$$\bar{\tau} = \Big(\sum_{k=1}^{9} S_k \Big/ \sum_{k=1}^{9} N_k\Big)\Big(1 \Big/ \sum_{k=1}^{9} S_k\Big) = 1 \Big/ \sum_{k=1}^{9} N_k \,.$$

In diesem Fall wird also unterstellt, daß der repräsentative Steuerbürger eine Kopfsteuer zahlt. Um auch den Steuerlastanteil des durchschnittlichen Steuerpflichtigen zu modifizieren, kann der Durchschnittssteuerlastanteil analog zum Mediananteil aufgefaßt werden als das Produkt aus dem durchschnittlichen Steuersatz $\bar{t}$ und dem durchschnittlichen Einkommen $\bar{G}$:

$$\bar{\tau} = \frac{\bar{t}\bar{G}}{\sum_{k=1}^{9} S_k} = \frac{(\Sigma S_k/\Sigma G_k)(\Sigma G_k/\Sigma N_k)}{\Sigma S_k} = 1/\Sigma N_k \; .$$

Wird wie im Medianfall berücksichtigt, daß die Gemeinden nur einen Teil des örtlichen Aufkommens an der Einkommensteuer erhalten (ANTEINK/Σ S_k), und wird dies nicht auf das gesamte örtliche Aufkommen der Einkommensteuer (Σ S_k) bezogen, sondern auf die gesamten Steuereinnahmen der Gemeinde, ergibt sich für den modifizierten Durchschnittssteuerlastanteil

$$\bar{\tau}_m = \frac{(\bar{t}\bar{G})(\mathrm{ANTEINK}/\Sigma S_k)}{\mathrm{GRSTAB} + \mathrm{GEWST} + \mathrm{ANTEINK}} = \frac{(\Sigma S_k \; \Sigma G_k)(\Sigma G_k/\Sigma N_k)(\mathrm{ANTEINK}/\Sigma S_k)}{\mathrm{GRSTAB} + \mathrm{GEWST} + \mathrm{ANTEINK}}$$

$$= \frac{\mathrm{ANTEINK}/\Sigma N_k}{\mathrm{GRSTAB} + \mathrm{GEWST} + \mathrm{ANTEINK}} \; .$$

IV. Schätzung für die aggregierten Ausgaben

Tabelle A1 - Schätzergebnisse für die Bestimmungsfaktoren der aggregierten Ausgaben, Aufgabengruppe A, für 486 Gemeinden mit über 20000 Einwohnern

	INC1	TAX1	WAG	POP	GRAPK	BUE	VRBEV	CONST	$\bar{R}^2$	SF
(4)	0,60455	-1,04978	-0,03892	-	0,18344	0,05504	-0,02294	-8,20223	0,928	0,26166
	(3,943)	(62,235)	(3,813)		(9,774)	(2,384)	(0,787)	(5,268)		
(5)	0,62415	-	-	1,14926	0,21819	-	-	-10,02547	0,909	0,29400
	(3,989)			(60,438)	(10,589)			(6,143)		

Zu den Variablen vgl. Tabelle 3.

V. Zu der Annahme einer Cobb-Douglas-Produktionsfunktion

Tabelle A2 - Bivariate Korrelationskoeffizienten der Parameter der Produktionsfunktion nach Gemeindegruppen und Aufgabenbereichen (a)

Gemeindegruppe	Aufgaben der	
	Gruppe A	Gruppe B
Alle Gemeinden mit über 20000 Einwohnern	0,12	0,11
Kreisfreie Städte	-0,24	0,22
Kreisangehörige Gemeinden	0,13	-0,03
Gemeinden mit 20000-50000 Einwohnern	-0,12	-0,14
Gemeinden mit mehr als 50000 Einwohnern	-0,16	0,13
264 ausgewählte Gemeinden mit über 20000 Einwohnern	0,16	0,09
18 Gemeinden in Schleswig-Holstein	0,79	0,58
72 Gemeinden in Niedersachsen	0,28	0,29
187 Gemeinden in Nordrhein-Westfalen	0,20	0,21
47 Gemeinden in Hessen	-0,13	-0,19
20 Gemeinden in Rheinland-Pfalz	0,59	-0,27
78 Gemeinden in Baden-Württemberg	0,27	0,27
51 Gemeinden in Bayern	0,25	0,22
13 Gemeinden im Saarland	0,43	0,42

(a) Ausgewiesen ist der jeweils betragsmäßig höchste bivariate Koeffizient zwischen Lohnsatz, partieller Elastizität und dem anhand der Ausgaben näherungsweise wiedergegebenen Output.

VI. Zur Multikollinearität bei den verwendeten Variablen (a)

Tabelle A3 - Korrelationsmatrix der Schätzvariablen für 486 Gemeinden mit mehr als 20000 Einwohnern

	EXP	INC1	INC2	TAX1	TAX2	WAG	POP	GRAPK	BUE	VRBEV
EXP	-									
INC1	0.12	-								
INC2	-0.02	0.86	-							
TAX1	-0.55	0.05	0.02	-						
TAX2	-0.57	-0.10	0.03	0.99	-					
WAG	-0.15	-0.03	0.02	-0.21	-0.19	-				
POP	0.45	0.03	0.00	-0.97	-0.95	0.25	-			
GRAPK	0.51	-0.27	-0.33	-0.36	-0.36	-0.13	0.32	-		
BUE	0.15	-0.23	-0.32	-0.19	-0.20	0.07	0.19	0.17	-	
VRBEV	-0.20	0.33	0.37	0.31	0.30	-0.28	-0.28	-0.18	-0.17	-

Tabelle A4 - Korrelationsmatrix der Schätzvariablen für 88 kreisfreie Städte

	EXP	INC1	INC2	TAX1	TAX2	WAG	POP	GRAPK	BUE	VRBEV
EXP	-									
INC1	0.28	-								
INC2	0.18	0.76	-							
TAX1	-0.53	-0.30	-0.35	-						
TAX2	-0.54	-0.34	-0.30	0.99	-					
WAG	-0.31	0.06	0.27	-0.13	-0.08	-				
POP	0.46	0.26	0.37	-0.99	-0.96	0.19	-			
GRAPK	0.58	-0.03	-0.32	-0.22	-0.27	-0.12	0.17	-		
BUE	-0.12	-0.25	-0.40	0.19	0.17	-0.13	-0.20	0.05	-	
VRBEV	0.02	0.25	0.08	0.11	0.09	-0.12	-0.11	0.07	0.03	-

(a) Koeffizienten für die natürlichen Logarithmen der Variablen; Pro-Kopf-Ausgaben der Aufgabengruppe A.

Tabelle A5 - Korrelationsmatrix der Schätzvariablen für 398 kreisangehörige Gemeinden

	EXP	INC1	INC2	TAX1	TAX2	WAG	POP	GRAPK	BUE	VRBEV
EXP	-									
INC1	0.15	-								
INC2	0.03	0.87	-							
TAX1	-0.38	-0.10	-0.07	-						
TAX2	-0.42	-0.20	-0.07	-0.96	-					
WAG	-0.26	-0.03	0.02	-0.13	-0.10	-				
POP	0.19	0.09	0.11	-0.90	-0.85	0.19	-			
GRAPK	0.40	-0.29	-0.30	-0.23	-0.21	-0.21	0.16	-		
BUE	0.10	-0.22	-0.29	-0.15	-0.15	0.05	0.16	0.13	-	
VRBEV	-0.11	0.34	0.38	0.20	0.19	-0.26	-0.13	-0.13	-0.14	-

Tabelle A6 - Korrelationsmatrix der Schätzvariablen für 339 Gemeinden mit 20000-50000 Einwohnern

	EXP	INC1	INC2	TAX1	TAX2	WAG	POP	GRAPK	BUE	VRBEV
EXP	-									
INC1	0.12	-								
INC2	0.00	0.88	-							
TAX1	-0.40	-0.11	-0.03	-						
TAX2	-0.43	-0.24	-0.02	0.93	-					
WAG	-0.28	-0.01	0.03	-0.05	-0.02	-				
POP	0.16	0.12	0.12	-0.79	-0.68	0.11	-			
GRAPK	0.44	-0.31	-0.32	-0.26	-0.23	-0.19	0.15	-		
BUE	0.10	-0.21	-0.27	-0.15	-0.12	0.05	0.17	0.11	-	
VRBEV	-0.10	0.34	0.40	0.19	0.18	-0.22	-0.10	-0.13	-0.15	-

Tabelle A7 - Korrelationsmatrix der Schätzvariablen für 147 Gemeinden mit mehr als 50000 Einwohnern

	EXP	INC1	INC2	TAX1	TAX2	WAG	POP	GRAPK	BUE	VRBEV
EXP	-									
INC1	0.18	-								
INC2	-0.02	0.79	-							
TAX1	-0.59	-0.11	-0.02	-						
TAX2	-0.61	-0.15	0.03	0.99	-					
WAG	-0.25	-0.09	0.05	-0.07	-0.04	-				
POP	0.47	0.07	0.01	-0.97	-0.95	0.15	-			
GRAPK	0.52	-0.15	-0.38	-0.34	-0.38	-0.22	0.30	-		
BUE	0.10	-0.31	-0.53	-0.06	-0.11	-0.05	0.05	0.23	-	
VRBEV	-0.21	0.35	0.28	0.31	0.29	-0.29	-0.29	-0.12	-0.07	-

Tabelle A8 - Korrelationsmatrix der Schätzvariablen für 18 Gemeinden in Schleswig-Holstein mit mehr als 20000 Einwohnern

	EXP	INC1	INC2	TAX1	TAX2	WAG	POP	GRAPK	BUE	VRBEV
EXP	-									
INC1	0.47	-								
INC2	0.44	0.94	-							
TAX1	-0.29	0.19	0.11	-						
TAX2	-0.34	0.16	0.10	0.99	-					
WAG	0.05	-0.42	-0.43	-0.82	-0.83	-				
POP	0.27	-0.25	-0.16	-0.99	-0.99	0.85	-			
GRAPK	0.46	-0.26	-0.02	-0.20	-0.17	-0.02	0.23	-		
BUE	-0.47	-0.81	-0.83	0.07	0.08	0.28	-0.00	-0.11	-	
VRBEV	0.20	0.78	0.76	0.42	0.40	-0.67	-0.45	-0.12	-0.64	-

Tabelle A9 - Korrelationsmatrix der Schätzvariablen für 72 Gemeinden in Niedersachsen mit mehr als 20000 Einwohnern

	EXP	INC1	INC2	TAX1	TAX2	WAG	POP	GRAPK	BUE	VRBEV
EXP	-									
INC1	-0.03	-								
INC2	-0.14	0.87	-							
TAX1	-0.58	-0.02	-0.03	-						
TAX2	-0.62	-0.03	0.03	0.98	-					
WAG	-0.13	-0.24	-0.11	-0.04	0.01	-				
POP	0.53	0.04	0.07	-0.98	-0.96	0.02	-			
GRAPK	0.63	-0.15	-0.08	-0.17	-0.17	0.07	0.13	-		
BUE	-0.02	-0.29	-0.27	-0.13	-0.14	0.00	0.08	0.08	-	
VRBEV	-0.21	0.57	0.50	0.20	0.16	-0.44	-0.16	-0.04	-0.11	-

Tabelle A10 - Korrelationsmatrix der Schätzvariablen für 187 Gemeinden in Nordrhein-Westfalen mit mehr als 20000 Einwohnern

	EXP	INC1	INC2	TAX1	TAX2	WAG	POP	GRAPK	BUE	VRBEV
EXP	-									
INC1	0.10	-								
INC2	0.07	0.86	-							
TAX1	-0.68	-0.11	-0.07	-						
TAX2	-0.68	-0.19	-0.09	0.99	-					
WAG	0.00	0.05	0.10	-0.31	-0.29	-				
POP	0.66	0.09	0.06	-0.99	-0.97	0.32	-			
GRAPK	0.71	-0.23	-0.26	-0.37	-0.36	-0.14	0.37	-		
BUE	0.27	-0.02	-0.11	-0.25	-0.25	0.14	0.26	0.15	-	
VRBEV	-0.25	0.13	0.18	0.34	0.34	-0.27	-0.33	-0.21	-0.12	-

Tabelle A11 - Korrelationsmatrix der Schätzvariablen für 47 Gemeinden in Hessen mit mehr als 20000 Einwohnern

	EXP	INC1	INC2	TAX1	TAX2	WAG	POP	GRAPK	BUE	VRBEV
EXP	-									
INC1	0.09	-								
INC2	0.00	0.91	-							
TAX1	-0.67	0.15	0.25	-						
TAX2	-0.69	0.09	0.24	0.99	-					
WAG	0.14	0.08	-0.02	-0.08	-0.05	-				
POP	0.60	-0.11	-0.21	-0.98	-0.97	0.06	-			
GRAPK	0.52	-0.27	-0.40	-0.62	-0.64	-0.15	0.59	-		
BUE	0.06	-0.37	-0.51	-0.32	-0.33	0.06	0.31	0.24	-	
VRBEV	-0.35	0.44	0.51	0.46	0.46	-0.27	-0.40	-0.36	-0.36	-

Tabelle A12 - Korrelationsmatrix der Schätzvariablen für 20 Gemeinden in Rheinland-Pfalz mit mehr als 20000 Einwohnern

	EXP	INC1	INC2	TAX1	TAX2	WAG	POP	GRAPK	BUE	VRBEV
EXP	-									
INC1	0.38	-								
INC2	0.30	0.67	-							
TAX1	-0.13	0.01	-0.22	-						
TAX2	-0.22	-0.23	-0.21	0.94	-					
WAG	-0.18	-0.20	0.30	-0.42	-0.25	-				
POP	0.01	-0.19	0.20	-0.96	-0.82	0.50	-			
GRAPK	0.50	-0.53	-0.44	-0.12	-0.04	0.04	0.17	-		
BUE	-0.20	-0.29	-0.23	-0.22	-0.13	0.04	0.32	0.15	-	
VRBEV	0.23	0.45	0.52	0.09	0.07	0.14	-0.12	0.02	-0.27	-

Tabelle A13 - Korrelationsmatrix der Schätzvariablen für 78 Gemeinden in Baden-Württemberg mit mehr als 20000 Einwohnern

	EXP	INC1	INC2	TAX1	TAX2	WAG	POP	GRAPK	BUE	VRBEV
EXP	-									
INC1	0.24	-								
INC2	0.18	0.79	-							
TAX1	-0.61	-0.18	0.04	-						
TAX2	-0.59	-0.24	0.06	0.99	-					
WAG	0.07	-0.08	-0.22	0.03	-0.00	-				
POP	0.53	0.13	-0.11	-0.93	-0.92	0.07	-			
GRAPK	0.44	0.05	-0.16	-0.21	-0.24	-0.05	0.22	-		
BUE	0.04	-0.30	-0.42	-0.20	-0.19	0.33	0.25	0.14	-	
VRBEV	-0.26	0.18	0.29	0.36	0.35	-0.12	-0.29	-0.14	-0.15	-

Tabelle A14 - Korrelationsmatrix der Schätzvariablen für 51 Gemeinden in Bayern mit mehr als 20000 Einwohnern

	EXP	INC1	INC2	TAX1	TAX2	WAG	POP	GRAPK	BUE	VRBEV
EXP	-									
INC1	0.07	-								
INC2	-0.11	0.90	-							
TAX1	-0.55	0.03	0.11	-						
TAX2	-0.59	0.01	0.14	0.99	-					
WAG	0.10	-0.20	-0.28	-0.26	-0.26	-				
POP	0.49	0.01	-0.03	-0.99	-0.97	0.24	-			
GRAPK	0.57	-0.39	-0.48	-0.62	-0.64	0.21	0.56	-		
BUE	0.21	-0.34	-0.34	-0.15	-0.14	0.05	0.14	0.46	-	
VRBEV	-0.24	0.46	0.51	0.27	0.29	-0.46	-0.20	-0.36	-0.04	-

Tabelle A15 - Korrelationsmatrix der Schätzvariablen für 13 Gemeinden im Saarland mit mehr als 20000 Einwohnern

	EXP	INC1	INC2	TAX1	TAX2	WAG	POP	GRAPK	BUE	VRBEV
EXP	-									
INC1	0.30	-								
INC2	-0.36	0.56	-							
TAX1	-0.38	-0.29	0.05	-						
TAX2	-0.42	-0.33	0.12	0.99	-					
WAG	0.01	-0.17	-0.17	-0.28	-0.24	-				
POP	0.32	0.20	-0.10	-0.97	-0.96	0.26	-			
GRAPK	-0.19	-0.32	-0.06	0.17	0.19	-0.48	-0.12	-		
BUE	-0.15	0.22	-0.08	-0.07	-0.13	-0.35	0.17	-0.13	-	
VRBEV	-0.44	0.35	0.50	0.43	0.43	-0.73	-0.38	0.33	0.45	-

Tabelle A16 - Korrelationsmatrix der Schätzvariablen für 264 ausgewählte Gemeinden mit mehr als 20000 Einwohnern

	EXP	INC1	INC2	TAX1	TAX2	WAG	POP	GRAPK	BUE	VRBEV
EXP	-									
INC1	0.06	-								
INC2	-0.04	0.87	-							
TAX1	-0.56	-0.00	0.03	-						
TAX2	-0.58	-0.07	0.03	0.99	-					
WAG	-0.13	0.03	0.13	-0.25	-0.22	-				
POP	0.49	0.00	-0.00	-0.97	-0.95	0.29	-			
GRAPK	0.42	-0.11	-0.14	-0.35	-0.35	-0.05	0.38	-		
BUE	0.15	-0.18	-0.28	-0.19	-0.20	0.01	0.19	0.07	-	
VRBEV	-0.24	0.26	0.30	0.36	0.36	-0.23	-0.34	-0.12	-0.20	-

Literaturverzeichnis

ABIZADEH, Sohrab, John GRAY, "Wagner's Law: A Pooled Time-Series, Cross-Section Comparison". National Tax Journal, Vol. 38, 1985, S. 209-217.

AFXENTIOU, Panayiotis C., "Government Revenue and Expenditure in Developing Countries: A Survey". The Developing Economies, Vol. 18, 1980, S. 116-139.

ALT, James E., "Some Political and Social Correlates of County Borough Expenditures". British Journal of Political Science, Vol. 1, 1971, S. 49-62.

ASHFORD, Douglas E., R. BERNE, B. SCHRAMM, "The Expenditure Financing Decision in British Local Government". Policy and Politics, Vol. 5, 1976, S. 5-24.

BAHL, Roy, "Studies on Determinants of Public Expenditures: A Review". In: Selma J. MUSHKIN, John F. COTTON (Eds.), Sharing Federal Funds for State and Local Needs. New York 1969, S. 184-207.

--, Marvin JOHNSON, Michael WASYLENKO, "State and Local Government Expenditure Determinants: The Traditional View and a New Approach". In: Roy BAHL, Jesse BURKHEAD, Bernard JUMP, Jr. (Eds.), Public Employment and State and Local Government Finance. Cambridge, Mass., 1980, S. 65-119.

BAKER, Samuel H., "The Determinants of Median Voter Tax Liability: An Empirical Test of the Fiscal Illusion Hypothesis". Public Finance Quarterly, Vol. 11, 1983, S. 95-108.

BARR, James L., Otto A. DAVIS, "An Elementary Political and Economic Theory of Local Governments". Southern Economic Journal, Vol. 33, 1966, S. 149-165.

BARRO, Robert J., "Are Government Bonds Net Wealth?". Journal of Political Economy, Vol. 82, 1974, S. 1095-1117.

--, "Comment from an Unreconstructed Ricardian". Journal of Monetary Economics, Vol. 4, 1978, S. 569-581.

BAUMOL, William J., "Macroeconomics of Unbalanced Growth: The Anatomy of Urban Crisis". The American Economic Review, Vol. 57, 1967, S. 415-426.

BEATON, W. Patrick, "The Demand for Municipal Goods. A Review of the Literature from the Point of View of Expenditure Determination". In: W. Patrick BEATON (Ed.), Municipal Expenditures, Revenues and Services. Economic Models and their Use by Planners. Rutgers University, New Brunswick, N.J., 1983, S. 144-179.

BECK, Morris, "Toward a Theory of Public Sector Growth". Public Finance, Vol. 37, 1982, S. 163-177.

BENNETT, James T., William P. ORZECHOWSKI, "The Voting Behaviour of Bureaucrats: Some Empirical Evidence". Public Choice, Vol. 41, 1983, S. 271-283.

BENNETT, Robert J., "Modelling Local Authority Expenditures in England and Wales". Papers of the Regional Science Association, Vol. 50, 1982, S. 109-130.

--, "Recent Developments in Fiscal Structures of Cities and Regions. A Comparative Analysis of the USA, Britain, Germany and Austria". Dokumentationen und Informationen zur schweizerischen Orts-, Regional- und Landesplanung, Vol. 23, 1988, S. 10-19.

--, Günter KREBS (Eds.), Local Business Taxes in Britain and Germany. Baden-Baden 1988.

BERGSTROM, Theodore C., Robert P. GOODMAN, "Private Demands for Public Goods". The American Economic Review, Vol. 63, 1973, S. 280-296.

BIRD, Richard M., "The 'Displacement Effect': A Critical Note". Finanzarchiv, N.F., Vol. 30, 1972, S. 454-463.

BLACK, Duncan, The Theory of Committees and Elections. Cambridge 1958.

BLANKENBURG, Jürgen, Die Typisierung der Gemeinden nach sozialökonomischen und finanzwirtschaftlichen Strukturmerkmalen. Forschungsberichte des Landes Nordrhein-Westfalen, Band 1664, Köln 1965.

BLAU, Peter M., The Dynamics of Bureaucracy. Chikago 1955.

BORCHERDING, Thomas E., "The Sources of Growth of Public Expenditures in the United States, 1902-1970". In: Thomas E. BORCHERDING (Ed.), Budgets and Bureaucrats: The Sources of Government Growth. Durham, N.C., 1977, S. 45-70.

--, "The Causes of Government Growth: A Survey of the U.S. Evidence". Journal of Public Economics, Vol. 28, 1985, S. 359-382.

--, Robert T. DEACON, "The Demand for the Services of Non-Federal Governments". The American Economic Review, Vol. 62, 1972, S. 891-901.

--, Winston C. BUSH, Robert M. SPANN, "The Effects on Public Spending of the Divisibility of Public Outputs in Consumption, Bureaucratic Power, and the Size of the Tax-Sharing Group". In: Thomas E. BORCHERDING (Ed.), Budgets and Bureaucrats: The Sources of Government Growth. Durham, N.C., 1977, S. 211-228.

BOSS, Alfred, Adrian BOTHE, Ausgabenkürzungen im öffentlichen Sektor. Kieler Studien, 207, Tübingen 1987.

BOWEN, Howard R., "The Interpretation of Voting in the Allocation of Economic Resources". Quarterly Journal of Economics, Vol. 58, 1943, S. 27-48.

BOYNE, George A., "Median Voters, Political Systems and Public Policies: An Empirical Test". Public Choice, Vol. 53, 1987, S. 201-219.

BRECHT, Arnold, Internationaler Vergleich der öffentlichen Ausgaben. Grundfragen der internationalen Politik, Heft 2, Leipzig 1932.

BROCKMANN, Gerd, Auswirkungen der Gebietsreform im Bereich der Ausgabenpolitik der Gemeinden. Baden-Baden 1984.

BRÜMMERHOFF, Dieter, "Produktivität des öffentlichen Sektors". Finanzarchiv, N.F., Vol. 34, 1976, S. 226-243.

BUCHANAN, James M., "Federalism and Fiscal Equity". The American Economic Review, Vol. 40, 1950, S. 583-599.

--, Gordon TULLOCK, The Calculus of Consent. Logical Foundation of Constitutional Democracy. Ann Arbor 1962.

--, Richard E. WAGNER, Democracy in Deficit: The Political Legacy of Lord Keynes. New York 1977.

BUNDESMINISTERIUM DER FINANZEN (BMF), Finanzbericht 1987. Bonn 1986.

BUSH, Winston C., Arthur T. DENZAU, "The Voting Behaviour of Bureaucrats and Public Sector Growth". In: Thomas E. BORCHERDING (Ed.), Budgets and Bureaucrats: The Sources of Government Growth. Durham, N.C., 1977, S. 90-99.

CARTER, Richard, "Beliefs and Errors in Voting Choices: A Restatement of the Theory of Fiscal Illusion". Public Choice, Vol. 39, 1982, S. 343-360.

CHRISTOFFEL, Marcus, Die industrielle Ballung in der Schweiz. Untersuchungen über die Standortwahl schweizerischer Industrieunternehmungen seit 1952. Diss. Hochschule St. Gallen, Thusis 1967.

CLOTFELDER, Charles T., "Public Spending for Higher Education: An Empirical Test of Two Hypotheses". Public Finance, Vol. 31, 1976, S. 177-195.

CRASWELL, Richard, "Self-Generationg Growth in Public Programmes". Public Choice, Vol. 21, 1975, S. 91-97.

CROZIER, Michel, The Bureaucratic Phenomenon. Chikago 1964.

CUTHBERTSON, Keith, James S. FOREMAN-PECK, Peter GRIPAIOS, "A Model of Local Authority Fiscal Behaviour". Public Finance, Vol. 36, 1981, S. 229-243.

DAVIES, David G., "The Efficiency of Public versus Private Firms. The Case of Australia's Two Airlines". Journal of Law and Economics, Vol. 14, 1971, S. 149-165.

DEACON, Robert T., "Individual Preferences and Public Policy". In: Kent B. MONROE (Ed.), Advances in Consumer Research, Vol. 8. Ann Abor 1981, S. 517-522.

DeALESSI, Louis, "Implications of Property Rights for Government Investment Choices". The American Economic Review, Vol. 59, 1969, S. 13-24.

DeBOER, Larry, "State and Local Government Utility Maximization According to GARP". Public Finance Quarterly, Vol. 14, 1986, S. 87-99.

DELCOURT, Edmond, Adolphe TRIQUET, "La fiscalité belge". Revue française de finances publiques, Vol. 8, 1984, S. 67-85.

DEPPE, Lothar, Das Verhältnis der kommunalen Ausgaben zur Größe, Struktur, Funktion und Finanzkraft städtischer Gemeinden. Münster 1966.

DEUBEL, Ingolf, Der kommunale Finanzausgleich in Nordrhein-Westfalen. Eine ökonomische und statistische Analyse. Köln 1984.

DEUTSCHER STÄDTETAG, Statistisches Jahrbuch Deutscher Gemeinden. Köln, lfd. Jgg.

DIAMOND, Jack, Alan A. TAIT, The Growth of Government Expenditure: A Review of Quantitative Analysis. IMF Working Papers, 17, Washington 1988.

DITTRICH, Erich, "Raumordnung und Ballung". Informationen des Instituts für Raumforschung, Vol. 7, 1957, S. 1-15.

DOWNS, Anthony, An Economic Theory of Democracy. New York 1957.

--, Inside Bureaucracy. Boston 1967.

EVERS, Hans, "Gemeindegröße und Verwaltungsaufwand". Informationen des Instituts für Raumforschung, Vol. 7, 1957, S. 147-180.

--, "Überlegungen zur quantitativen Ermittlung von Social Costs". Raumforschung und Raumordnung, Vol. 16, 1958, S. 156-162.

FABRICANT, Solomon, The Trend of Government Acitivity since 1900. New York 1952.

FEENBERG, Daniel R., Harvey S. ROSEN, "Tax Structure and Public Sector Growth". Journal of Public Economics, Vol. 32, 1987, S. 185-201.

FELDERER, Bernhard, "Die reale Staatsquote". Finanzarchiv, N.F., Vol. 35, 1977, S. 405-434.

FERBER, Robert, "How Aware Are Consumers of Excise Tax Changes?". National Tax Journal, Vol. 7, 1954, S. 355-358.

FLAIG, Gebhard, "Staatsausgaben, Staatsverschuldung und die makroökonomische Konsumfunktion". Zeitschrift für Wirtschafts- und Sozialwissenschaften, Vol. 107, 1987, S. 337-359.

FORTUNE, Peter, "A Test of the Cobb-Douglas Assumption for Local Governments". National Tax Journal, Vol. 36, 1983, S. 233-236.

FRANK, Max, "Finances publiques de la Belgique (1955-1983) - Vue globale". Revue française de finances publiques, Vol. 8, 1984, S. 3-21.

FREY, Bruno S., Werner W. POMMEREHNE, "How Powerful are Bureaucrats as Voters?". Public Choice, Vol. 38, 1982, S. 253-262.

FRIED, Robert C., "Party and Politics in West German Cities". The American Political Science Review, Vol. 70, 1976, S. 11-24.

GABRIEL, Luciano, Das Wachstum des Staatssektors. Erklärungsansatz aufgrund einer Analyse des politischen Entscheidungsprozesses, gestützt auf Querschnittsdaten aus Schweizer Kantonen. Köln 1983.

GARUS, Guntram, Peter WESTERHEIDE, Differential- und Integralrechnung. München 1985.

GLÄSER, Martin, Die staatlichen Finanzzuweisungen an die Gemeinden. Gestaltungskriterien, Effektivität, Reform. Frankfurt/M. 1981.

GÖRGENS, Hartmut, "Entwicklung und Struktur der Gemeindeausgaben in Nordrhein-Westfalen". Mitteilungen des Rheinisch-Westfälischen Instituts für Wirtschaftsforschung, Vol. 17, 1966, S. 1-20.

GORDON, Donald F., "Debts, Keynes, and Our Present Discontents". Journal of Monetary Economics, Vol. 4, 1978, S. 583-589.

GRAMLICH, Edward M., "Alternative Federal Policies for Stimulating State and Local Expenditures: A Comparison of their Effects". National Tax Journal, Vol. 21, 1968, S. 119-129.

--, "State and Local Governments in their Budget Constraints". International Economic Review, Vol. 10, 1969, S. 163-181.

GRATHWOHL, Horst-M., Das Popitzsche Gesetz unter spezieller Betrachtung der deutschen Gemeinden. Diss. Universität Freiburg/Schweiz. Stuttgart 1973.

GROLL, Margarete, "Gemeindegröße und vorkommende Ausgabenpositionen". Informationen des Instituts für Raumforschung, Vol. 6, 1956, S. 555-576.

--, "Ausgabengestaltung und Gemeindegröße". Mitteilungen aus dem Institut für Raumforschung, Heft 38, Bad Godesberg 1958.

GROSSKOPF, Shawna, Kathy HAYES, "Do Local Governments Maximize Anything?". Public Finance Quarterly, Vol. 11, 1983, S. 202-216.

HANSMEYER, Karl-Heinrich, Klaus ZIMMERMANN, "Das Popitz'sche Gesetz und die Entwicklung der Ausgabenverteilung zwischen Bund und Ländern in den sechziger und siebziger Jahren". In: Walter A.S. KOCH, Hans-Georg PETERSEN (Hrsg.) Staat, Steuern und Finanzausgleich, Probleme nationaler und internationaler Finanzwirtschaften im zeitlichen Wandel. Festschrift für Heinz Kolms zum 70. Geburtstag. Berlin 1984, S. 297-314.

HANUSCH, Horst, "Determinants of Public Sector Productivity". In: Robert H. HAVEMAN (Ed.), Public Finance and Public Employment. Detroit 1982, S. 275-288.

HAUSER, Heinz, Alfred MEIER, Max RÖSSLER, Hans MÜLLER-BODMER, "Die Bevölkerungs- und Wirtschaftsstruktur als Bestimmungsfaktor der öffentlichen Ausgaben - Querschnittsanalyse der Ausgaben der schweizerischen Kantone und Gemeinden". Schweizerische Zeitschrift für Volkswirtschaft und Statistik, Vol. 111, 1975, S. 93-120.

HELLER, Peter S., Alan TAIT, Government Employment and Pay. Some International Comparisons. Washington 1983.

HENDERSON, J. Vernon, "Local Government Expenditures: A Social Welfare Analysis". Review of Economics and Statistics, Vol. 50, 1968, S. 156-163.

HIRSCH, Werner Z., The Economics of State and Local Government. New York 1970.

HOLCOMBE, Randall G., An Economic Analysis of Democracy. Carbondale 1985.

HOTELLING, Harold, "Stability in Competition". The Economic Journal, Vol. 39, 1929, S. 41-57.

HUNTER, William J., Charles E. SCOTT, "Statutory Changes in State Income Taxes: An Indirect Test of Fiscal Illusion". Public Choice, Vol. 53, 1987, S. 41-51.

INMAN, Robert P., "Testing Political Economy's 'as-if' Proposition: Is the Median Income Voter Really Decisive?". Public Choice, Vol. 33, 1978, S. 45-64.

--, The Fiscal Performance of Local Governments: An Interpretative Review". In: Peter MIESZKOWSKI, Mahlon STRASZHEIM (Eds.), Current Issues in Urban Economics. Baltimore 1979, S. 270-321.

JAARSMA, Bert, Arthur SCHRAM, Frans van WINDEN, An Empirical Analysis of Voter Turnout in the Netherlands. Research Memorandum Nr. 8509, Department of Economics, University of Amsterdam, Amsterdam 1985.

JANS, Armin, "Die Zuweisung der Budgetkompetenzen in Bund, Kantonen und Gemeinden". Schweizerisches Zentralblatt für Staats- und Gemeindeverwaltung, Vol. 85, 1984, S. 477-502.

KAEHLER, J., "Agglomeration und Staatsausgaben - Brechtsches und Wagnersches Gesetz im Vergleich". Finanzarchiv, N.F., Vol. 40, 1982, S. 445-474.

KELLER, Theo, "Das Gesetz der überproportional zur Bevölkerung steigenden Ausgaben". In: Helmut ARNDT (Hrsg.), Sozialwissenschaftliche Untersuchungen. Festschrift für Gerhard Albrecht. Berlin 1969, S. 345-362.

KIRCHGÄSSNER, Gebhard, Werner W. POMMEREHNE, Das ökonomische Modell individuellen Verhaltens: Implikationen für die Beurteilung staatlichen Handelns. Discussion Papers on Public Economics, 8803, Freie Universität Berlin, Berlin 1988.

KITTERER, Wolfgang, "Sind Steuern und Staatsverschuldung äquivalente Instrumente zur Finanzierung der Staatsausgaben?". Kredit und Kapital, Vol. 19, 1986, S. 271-291.

KLEINEWEFERS, Henner, Regula PFISTER, Die schweizerische Volkswirtschaft. Zürich 1977.

LANG, Gerhard, "Typen kommunaler Verfassungen in der Bundesrepublik Deutschland". In: Hans-Georg WEHLING (Hrsg.), Kommunalpolitik. Hamburg 1975, S. 154-182.

LARKEY, Patrick D., Chandler STOLP, Mark WINER, "Why Does Government Grow?". In: Trudie MILLER (Ed.), Public Sector Performance. A Conceptual Turning Point. Baltimore 1984, S. 65-101.

LEINEWEBER, Norbert, Das säkulare Wachstum der Staatsausgaben. Eine kritische Analyse. Göttingen 1988.

LENORT, Norbert J., Strukturforschung und Gemeindeplanung. Zur Methodenlehre der Kommunalpolitik. Köln 1960.

LESSMANN, Sabine, The People's Welfare and Governments' Policies: Still the Century of Incrementalism? Forschungsstelle für gesellschaftliche Entwicklungen der Universität Mannheim, Arbeitspapiere, 2, Mannheim 1987.

MADDALA, G. S., Econometrics. New York 1977.

MARCUS, Paul, Das kommunale Finanzsystem in der Bundesrepublik Deutschland. Darmstadt 1987.

MARX, Detlef, "Raumordnungsprobleme bei wirtschaftlichem Wachstum". Zeitschrift für die Gesamte Staatswissenschaft, Vol. 121, 1965, S. 143-156.

McKELVEY, Richard D., "Intransitivities in Multi Dimensional Voting Models and Some Implications for Agenda Control". Journal of Economic Theory, Vol. 12, 1976, S. 472-482.

MEIER, Alfred [1983a], "Schweiz" (Die Entwicklung des Finanzausgleichs in ausgewählten Bundesstaaten). Handbuch der Finanzwissenschaft, 3. Aufl., Bd. 4, Tübingen 1983, S. 163-186.

-- [1983b], "Schweiz" (Die öffentliche Finanzwirtschaft einiger ausgewählter Länder). Handbuch der Finanzwissenschaft, 3. Aufl., Bd. 4, Tübingen 1983, S. 611-642.

MELTZER, Allan H., Scott F. RICHARD, "Why Government Grows and Grows in a Democracy". The Public Interest, 1978, Vol. 52, S. 111-118.

--, --, "A Rational Theory of the Size of Government". The Journal of Political Economy, Vol. 89, 1981, S. 914-927.

--, --, "Tests of a Rational Theory of the Size of Government". Public Choice, Vol. 41, 1983, S. 403-418.

MIELKE, Bernd, "Interkommunale Ausgabenunterschiede und Strukturmerkmale von Gemeinden am Beispiel Nordrhein-Westfalens". In: AKADEMIE FÜR RAUMFORSCHUNG UND LANDESPLANUNG, Räumliche Aspekte des kommunalen Finanzausgleichs. Forschungs- und Sitzungsberichte, Band 159, Hannover 1985, S. 99-131.

MIGUE, Jean-Luc, Gérard BELANGER, "Toward a General Theory of Managerial Discretion". Public Choice, Vol. 17, 1974, S. 27-47.

MOESEN, Willem A., J. A. VANNESTE, "Local Public Goods, City Size and Models of Public Choice". In: Peter FRIEDRICH, Paul von ROMPEY (Eds.), Fiscal Decentralization. Baden Baden 1987, S. 157-171.

MUELLER, Dennis C., Public Choice. Cambridge 1979.

--, "The Growth of Government. A Public Choice Perspective". IMF Staff Papers, Vol. 34, 1987, S. 115-149.

--, Peter MURRELL, "Interest Groups and the Political Economy of Government Size". In: Francesco FORTE, Alan PEACOCK (Eds.), Public Expenditure and Government Growth. Oxford 1985, S. 13-36.

--, --, "Interest Groups and the Size of Government". Public Choice, Vol. 48, 1986, S. 125-145.

MÜNSTERMANN, Engelbert, H. BECKER, Finanzausgleichsleistungen an Kommunen. Ein Vergleich der Finanzausgleichssysteme in den Bundesländern. Deutscher Städtetag, Reihe G: Beiträge zur Finanzpolitik, H. 7, Köln 1978.

MUNLEY, Vincent G., Kenneth V. GREENE, "Fiscal Illusion, the Nature of Public Goods and Equation Specification". Public Choice, Vol. 33, 1978, S. 95-100.

MUSGRAVE, Richard A., "Leviathan Cometh - or Does He?". In: Helen F. LADD, T. Nicolaus TIDEMAN (Eds.), Tax and Expenditure Limitations. Washington 1981, S. 77-120.

NEWTON, Kenneth, Terence J. KARRAN, The Politics of Local Expenditure. London 1985.

NISKANEN, William A., Bureaucracy and Representative Government. Chikago 1971.

--, "Bureaucrats and Politicians". Journal of Law and Economics, Vol. 18, 1975, S. 617-659.

--, "Deficits, Government Spending, and Inflation". Journal of Monetary Economics, Vol. 4, 1978, S. 617-643.

NOAM, Eli M., "Income Sensitivity of Price Elasticities: Effects on the Demand for Public Goods". Public Finance Quarterly, Vol. 9, 1981, S. 23-34.

OLSON, Mancur, The Rise and Decline of Nations: Economic Growth, Stagflation and Social Rigidities. New Haven 1982.

ORZECHOWSKI, William, "Economic Models of Buraucracy: Survey, Extensions, and Evidence". In: Thomas E. BORCHERDING (Ed.), Budgets and Bureaucrats: The Sources of Government Growth. Durham, N.C., 1977, S. 229-259.

PEACOCK, Alan T., Martin RICKETTS, "Intergovernmental Fiscal Relations in a Unitary State: The Example of the United Kingdom". Handbuch der Finanzwissenschaft, 3. Aufl., Bd. 4, Tübingen 1983, S. 54-68.

--, Jack WISEMAN, The Growth of Public Expenditure in the United Kingdom. Princeton 1961.

--, --, "Approaches to the Analysis of Government Expenditure Growth". Public Finance Quarterly, Vol. 7, 1979, S. 3-23.

PELTZMAN, Sam, "Toward a More General Theory of Regulation". Journal of Law and Economics, Vol. 19, 1976, S. 211-240.

--, "The Growth of Government". Journal of Law and Economics, Vol. 23, 1980, S. 209-287.

PHLIPS, Louis, Applied Consumption Analysis. Amsterdam 1983.

POMMEREHNE, Werner W.,"Determinanten öffentlicher Ausgaben - Ein einfaches politisch-ökonomisches Modell". Schweizerische Zeitschrift für Volkswirtschaft und Statistik, Vol. 110, 1974, S. 455-490.

--, "Private versus öffentliche Müllabfuhr: Ein theoretischer und empirischer Vergleich". Finanzarchiv, N.F., Vol. 19, 1977, S. 272-294.

--, "Institutional Approaches to Public Expenditure. Empirical Evidence from Swiss Municipalities". Journal of Public Economics, Vol. 9, 1978, S. 255-280.

--, "Private versus öffentliche Müllabfuhr - nochmals betrachtet". Finanzarchiv, N.F., Vol. 41, 1983, S. 466-475.

--, Präferenzen für öffentliche Güter. Ansätze zu ihrer Erfassung. Tübingen 1987.

--, Bruno S. FREY, "Bureaucratic Behavior in Democracy: A Case Study". Public Finance, Vol. 33, 1978, S. 98-112.

--, Gebhard KIRCHGÄSSNER, Gesamtwirtschaftliche Effizienz, gesellschaftliche Umverteilung und Wachstum der Staatstätigkeit: Ein Überblick. In: Horst ZIMMERMANN (Hrsg.), Die Zukunft der Staatsfinanzierung. Marburger "Forum Philippinum", Stuttgart 1988, S. 206-241.

--, Friedrich SCHNEIDER, "Fiscal Illusion, Political Institutions, and Local Public Spending". Kyklos, Vol. 31, 1978, S. 381-408.

POPITZ, Johannes, "Der Finanzausgleich". In: Wilhelm GERLOFF, Franz MEISEL (Hrsg.), Handbuch der Finanzwissenschaft, Band 2, Tübingen 1927, S. 338-375.

POSTLEP, Rolf-Dieter, Wirtschaftsstruktur und großstädtische Finanzen. Einflüsse höherwertiger Dienstleistungen auf die kommunalen Steuereinnahmen und Ausgaben in verschiedenen Großstädten. Abhandlungen der Akademie für Raumforschung und Landesplanung, Band 87, Hannover 1985.

PROSS, Gerhard, Die Nachfrage nach öffentlichen Gütern. Eine empirische Untersuchung der Gemeindeausgaben in Baden-Württemberg. Frankfurt/M. 1982.

QUEVIT, Michel, "Les relations financières entre l'état central, les régions et les communes en Belgique: Scénarios d'adaptation au système fédéral allemand et au système confédéral Suisse". Wallonie, Conseil Economique et Social, Vol. 12, 1985, S. 3-26.

RAM, Rati, "Wagner's Hypothesis in Time-Series and Cross-Section Perspectives. Evidence from 'Real' Data for 115 Countries". The Review of Economics and Statistics, Vol. 69, 1987, S. 196-204.

RAO, Potluri, Roger Le Roy MILLER, Applied Econometrics. Belmont, Cal., 1971.

RECKTENWALD, Horst, Das Selbstinteresse - Zentrales Axiom der ökonomischen Wissenschaft. Abhandlungen der Akademie der Wissenschaften und der Literatur, Bd. 2, Mainz 1986.

RENAUD, Paul S.A., Frans A.A.M. van WINDEN, Decentralised Fiscal Allocation. A Study of the Interaction Between Local and Central Government Behaviour. Research Memorandum Nr. 8611, Department of Economics, Universität Amsterdam, Amsterdam 1986.

ROMER, Thomas, Howard ROSENTHAL, "Political Resource Allocation, Controlled Agendas, and the Status Quo". Public Choice, Vol. 33, 1978, S. 27-45.

--, --, "The Elusive Median Voter". Journal of Public Economics, Vol. 12, 1979, S. 143-170.

ROWLEY, Charles, Robert ELGIN, "Towards a Theory of Bureaucratic Behaviour". In: David GREENAWAY, G.K. SHAW (Eds.), Public Choice, Public Finance and Public Policy. Oxford 1985, S. 31-50.

SCHMIDT-JORTZIG, Edzard, Kommunalrecht. Stuttgart 1982.

SCHMÖLDERS, Günter, "'Unmerkliche' Steuern". Finanzarchiv, N.F., Vol. 20, 1959, S. 23-34.

--, "'Finanzstarke' und 'finanzschwache' Gemeinden". Archiv für Kommunalwissenschaften, Vol. 4, 1965, S. 30-46.

SCICLUNA, Edward, David K. FOOT, Richard M. BIRD, "Productivity Measurement in the Public Sector: The Case of Police Services". In: Robert H. HAVEMAN (Ed.), Public Finance and Public Employment. Detroit 1982, S. 257-274.

SCOTT, Claudia D., Forecasting Local Government Spending. Washington 1972.

SLACK, Enid, "Local Fiscal Response to Intergovernmental Transfers". Review of Economics and Statistics, Vol. 62, 1980, S. 364-370.

SMEKAL, Christian, "Verschuldungsbeschränkungen und Verschuldungsverhalten der Gebietskörperschaften. Ein Vergleich zwischen der Bundesrepublik Deutschland und Österreich". In: Kurt SCHMIDT (Hrsg.), Beiträge zu ökonomischen Problemen des Föderalismus. Band 166 (Neue Folge) der Schriften des Vereins für Socialpolitik, Berlin 1987, S. 71-147.

SPANN, Robert M., "Rates of Productivity Change and the Growth of State and Local Government Expenditures". In: Thomas E. BORCHERDING (Ed.), Budgets and Bureaucrats: The Sources of Government Growth. Durham, N.C., 1977, S. 100-129.

STATISTISCHES BUNDESAMT [a], Amtliche Schlüsselnummern und Bevölkerungsdaten der Gemeinden und Verwaltungsbezirke in der Bundesrepublik Deutschland. Stuttgart, lfd. Jgg.

STATISTISCHES BUNDESAMT [b], Fachserie 14: Finanzen und Steuern, Reihe 3.3: Rechnungsergebnisse der kommunalen Haushalte. Stuttgart, lfd. Jgg.

STOHLER, Jacques, René L. FREY, "Das Verhältnis von regionaler Wirtschaftsstruktur und öffentlichen Ausgaben". Schweizerische Zeitschrift für Volkswirtschaft und Statistik, Vol. 103, 1967, S. 353-386.

TARSCHYS, Daniel, "The Growth of Public Expenditures: Nine Modes of Explanation". Scandinavian Political Studies, Vol. 10, 1975, S. 9-31.

TIMM, Herbert, "Das Gesetz der wachsenden Staatsausgaben". Finanzarchiv, N.F., Vol. 21, 1961, S. 201-247.

TRIDIMAS, George, "Economic Theory and the Allocation of Public Expenditures in Greece". Greek Economic Review, Vol. 7, 1985, S. 34-52.

TULLOCK, Gordon, "Dynamic Hypothesis on Bureaucracy". Public Choice, Vol. 19, 1974, S. 127-131.

--, The Politics of Bureaucracy. Washington 1965.

TUSSING, A. Dale, John A. HENNING, "Econometric Testing of the 'Displacement Effect': A Comment". Finanzarchiv, N. F., Vol. 37, 1979, S. 476-484.

WAGNER, Adolph, Allgemeine oder theoretische Volkswirtschaftslehre. Erster Theil. Grundlegung. 2. Auflage, Leipzig 1879.

WAGNER, Richard E., "Revenue Structure, Fiscal Illusion and Budgetary Choice". Public Choice, Vol. 25, 1976, S. 45-61.

WAGSTAFF, Joseph van, "Income Tax Consciousness under Withholding". Southern Economic Journal, Vol. 32, 1965, S. 73-80.

WEBER, Max, The Theory of Social and Economic Organization. New York 1947.

WILDAVSKY, Aaron, The Politics of the Budgetary Process. 3. Auflage, Boston 1979.

WILENSKY, Gail, "Determinants of Local Government Expenditures". In: John P. CRECINE (Ed.), Financing the Metropolis. Public Policy in Urban Economies. Beverly Hills 1970, S. 197-218.

WILLIAMSON, Oliver E., The Economics of Discretionary Behaviour: Managerial Objectives on a Theory of the Firm. London 1967.

WOLFINGER, Raymond E., Steven J. ROSENSTONE, Who Votes? New Haven 1980.

Kieler Diskussionsbeiträge
Kiel Discussion Papers

136. Geht der Post das Geld aus? Zur Finanzierung zukünftiger Telekommunikationsinvestitionen im Lichte der Empfehlungen der Regierungskommission "Fernmeldewesen". Von Axel Busch. Kiel, Januar 1988. 29 S. *DM* 10,—.

137. Zehn Jahre Strukturberichterstattung des Instituts für Weltwirtschaft - Eine Bilanz. Kiel, Januar 1988. 27 S. *DM* 10,—.

138. Aufschwung läßt nach - Konjunkturpolitischer Handlungsbedarf? Thesen zum 37. Kieler Konjunkturgespräch. Kiel, März 1988. 42 S. *DM* 10,—.

139. Kapitalabflüsse aus der Dritten Welt und Schuldenerlaß. Zu den Problemen des privaten Kapitaltransfers zwischen Industrie- und Entwicklungsländern. Von Peter Nunnenkamp. Kiel, Juni 1988. 29 S. *DM* 10,—.

140. Low Growth and High Unemployment in Europe - Causes and Policy Options. By Klaus-Werner Schatz, Joachim Scheide and Peter Trapp. Kiel, Juni 1988. 36 S. *DM* 10,—.

141. Was ist der Cruzado noch wert? Zur gegenwärtigen wirtschaftlichen Lage und den Aussichten Brasiliens. Von Friedrich L. Sell. Kiel, September 1988. 36 S. *DM* 10,—.

142. Inflationsgefahren werden größer - Welchen Kurs soll die Geldpolitik steuern? Thesen zum 38. Kieler Konjunkturgespräch. Von Enno Langfeldt, Joachim Scheide und Peter Trapp. Kiel, September 1988. 46 S. *DM* 10,—.

143. EG-Gipfelbeschlüsse zur Agrar- und Haushaltspolitik: Schritte in die falsche Richtung. Von Jörg-Volker Schrader. Kiel, September 1988. 41 S. *DM* 10,—.

144. Verpaßt Osteuropa den Anschluß auf den Weltmärkten? Von Wojciech Kostrzewa. Kiel, September 1988. 42 S. *DM* 10,—.

145/146. Unternehmensbesteuerung und Standortqualität - Ein internationaler Vergleich. Von Alfred Boss. Kiel, November 1988. 69 S. *DM* 20,—.

147. Der EG-Binnenmarkt als Chance und Risiko. Von Herbert Giersch. Kiel, Dezember 1988. 23 S. *DM* 10,—.

148. Wachstumswirkungen von Steuern und Staatsausgaben. Von Bernhard Heitger. Kiel, Januar 1989. 43 S. *DM* 10,—.

149. Konjunktur zwischen geldpolitischer Dämpfung und Hoffnung auf den Gemeinsamen Markt. Thesen zum 39. Kieler Konjunkturgespräch. Von Doris Grimm, Klaus-Werner Schatz und Peter Trapp. Kiel, Februar 1989. 27 S. *DM* 10,—.

150. Die amerikanischen Defizite im Kreuzfeuer der Kritik. Von Barbara Kauffmann und Joachim Scheide. Kiel, März 1989. 37 S. *DM* 10,—.

151. EG 1992: Strategien, Hindernisse, Erfolgsaussichten. Von Doris Grimm, Klaus-Werner Schatz und Peter Trapp. Kiel, April 1989. 28 S. *DM* 10,—.

Institut für Weltwirtschaft an der Universität Kiel

Postfach 4309, D-2300 Kiel 1

ISSN 0455 - 0420

Kieler Studien

Institut für Weltwirtschaft an der Universität Kiel

Herausgegeben von Horst Siebert
Schriftleitung: Hubertus Müller-Groeling

213. Ronald Weichert, Probleme des Risikokapitalmarktes in der Bundesrepublik. Ursachen, Auswirkungen, Lösungsmöglichkeiten. 1987. XIII, 265 S. Broschiert *DM* 59,—. Leinen *DM* 79,—.

214. Grant Kirkpatrick, Employment, Growth, and Economic Policy: An Econometric Model of Germany. 1987. VII, 221 S. Broschiert *DM* 60,—. Leinen *DM* 80,—.

215. Roland Herrmann, Internationale Agrarmarktabkommen. Analyse ihrer Wirkungen auf den Märkten für Kaffee und Kakao. 1988. XII, 325 S. Broschiert *DM* 85,—. Leinen *DM* 105,—.

216. Juergen B. Donges, Klaus-Dieter Schmidt et al., Mehr Strukturwandel für Wachstum und Beschäftigung. Die deutsche Wirtschaft im Anpassungsstau. 1988. XVIII, 242 S. Broschiert *DM* 49,—. Leinen *DM* 69,—.

217. Frank D. Weiss et al., Trade Policy in West Germany. 1988. XII, 167 S. Broschiert *DM* 49,—. Leinen *DM* 69,—.

218. Klaus-Dieter Schmidt, Erich Gundlach, Investitionen, Produktivität und Beschäftigung. Eine empirische Analyse für die Bundesrepublik Deutschland. 1988. X, 145 S. Broschiert *DM* 46,—. Leinen *DM* 66,—.

219. Harmen Lehment, Fiskalpolitik in offenen Volkswirtschaften. 1988. XI, 235 S. Broschiert *DM* 65,—. Leinen *DM* 85,—.

220. Henning Klodt et al., Forschungspolitik unter EG-Kontrolle. 1988. X, 141 S. Broschiert *DM* 47,—. Leinen *DM* 67,—.

221. Bernhard Fischer, Peter Nunnenkamp et al., Capital-Intensive Industries in Newly Industrializing Countries: The Case of the Brazilian Automobile and Steel Industries. 1988. XVII, 325 S. Broschiert *DM* 74,—. Leinen *DM* 94,—.

222. Heike Göbel, Rolf J. Langhammer, Frank D. Weiss, Wachstum im asiatisch-pazifischen Raum. Implikationen für die internationale Arbeitsteilung. 1988. XII, 199 S. Broschiert *DM* 64,—. Leinen *DM* 84,—.

223. Federico Foders, Rüdiger Wolfrum et al., Meereswirtschaft in Europa. Rechtliche und ökonomische Rahmenbedingungen für deutsche Unternehmen. 1989. XIV, 317 S. Broschiert *DM* 88,—. Leinen *DM* 108,—.

224. Konrad Lammers, Regionalförderung und Schiffbausubventionen in der Bundesrepublik. 1989. XI, 207 S. Broschiert *DM* 79,—. Leinen *DM* 99,—.

225. Uwe Corsepius, Kapitalmarktreform in Entwicklungsländern. Eine Analyse am Beispiel Perus. 1989. XIII, 212 S. Broschiert *DM* 79,—. Leinen *DM* 99,—.

226. Adrian Bothe, Die Gemeindeausgaben in der Bundesrepublik. Ein nachfrageorientierter Erklärungsansatz. 1989. IX, 154 S. Broschiert *DM* 63,—. Leinen *DM* 83,—.

J.C.B. Mohr (Paul Siebeck) Tübingen

Postfach 2040, D-7400 Tübingen
ISSN 0340 - 6989